帝企鹅管理实务丛书

U0651094

讲话要有
影响力

领导干部脱稿当众讲话的8项修炼

方 石 ◎编著

人民邮电出版社

北 京

图书在版编目（CIP）数据

讲话要有影响力：领导干部脱稿当众讲话的8项修炼/
方石编著. — 北京：人民邮电出版社，2014.1
　（帝企鹅管理实务丛书）
　ISBN 978-7-115-33847-1

Ⅰ.①讲… Ⅱ.①方… Ⅲ.①领导人员—演讲—语言
艺术 Ⅳ.①C933.2②H019

中国版本图书馆CIP数据核字(2013)第300931号

内 容 提 要

　　激情澎湃的演讲，掌声雷动的场面，领导干部的魅力一定要大胆、全方位地展现出来。当众讲话是领导干部的必修课。本书共分八章，在点明领导口才具有重要性的基础上，从激励、说服、批评、赞美、会议、谈判、演讲、接受采访等八个方面，分别介绍了领导干部的说话原则和技巧，便于领导根据具体情况有针对性地学习。本书可以有效地提升领导干部、公务员当众讲话的能力，并可以作为需要当众讲话人群的实战演练教材。

◆ 编　著　方　石
　　责任编辑　任忠鹏
　　执行编辑　张婷婷

◆ 人民邮电出版社出版发行　　北京市丰台区成寿寺路 11 号
　　邮编　100164　　电子邮件　315@ptpress.com.cn
　　网址　http://www.ptpress.com.cn
　　北京隆昌伟业印刷有限公司印刷

◆ 开本：700×1000　1/16
　　印张：14　　　　　　　　　　2014 年 3 月第 1 版
　　字数：200 千字　　　　　　　2014 年 3 月北京第 1 次印刷

定价：35.00 元

读者服务热线：(010)81055292 印装质量热线：(010)81055316
反盗版热线：(010)81055315
广告经营许可证：京崇工商广字第 0021 号

序 言
Preface

古今中外一切业绩卓著的领导，无一不是说话高手。他们之所以号召力强大，很大程度上是因为其卓越的讲话能力。

公元前 14 世纪，商朝明君盘庚以雄辩有力、生动质朴的语言，说服了不愿离开故土的百姓，实现了迁都的主张；春秋时代，纵横家苏秦凭借三寸之舌之力，说服了关东六国的国君合纵抗秦；周恩来总理在风云变幻的国际政治生活中，善用辞令，大大地提高了新中国的国际地位和声望；第二次世界大战爆发后，英国首相丘吉尔运用形象生动的比喻，说服美国民众为英国的抗法西斯战争提供军用物资支援，为战争的最后胜利做出了重要的贡献……

有句话说得好，导人心者必导之于言，震天下者必震于声。不管是哪个行业或哪个层级的领导，他们无论是下决策、做指示、部署工作，还是发动群众、教育下属都必须通过讲话来完成。可以说，领导口才是体现领导水平重要的组成部分，不可或缺。

但是，现实生活中却有一些领导不具备好口才。面对满怀期待的听众，一些领导张口结舌、语无伦次，说不出几句简单而有意义的话；当需要当众发表激昂的就职演说时，不少领导站在台上手脚发软，脑子一片空白，什么也说不出；当下属不愿接受一项重要任务时，有的领导无论怎样也说服不了对方改变想法；当面临艰苦的谈判时，有些领导无法找到有力的理由说服对方做出让步……

如果普通人在生活中说漏了嘴，说跑了题，可能无关紧要，可是作为领导，如果发生这些情况，结果就不同了。领导，众之首也。领导讲话艺术欠佳，水平不高，是失职、失责、失身份的体现，会产生严重的负面影响，甚至还要为此承担责任。从一定意义上来说，不善于说话的领导不可能实现有效的领导。

当前是个开放进取、高速发展的信息时代，机遇和挑战并存。而非凡的时代需要非凡的领导，非凡的领导又离不开非凡的口才。因此，领导一定要提升自己的讲话水平，增强自己的语言魅力。领导的慷慨陈词，会使权威自立，上下一心；领导中肯有力的言辞，会迫使对方让步，达成利己的协议；领导的真诚坦言，会温暖下属的心，使其改正错误，振奋精神。能言善辩、口才卓越的领导在管理工作中必然会显示出独特的优势，若有口才能力的有效发挥，领导必然能充分施展自己的才干，给自己的事业和人生注入更多的成功因素。

但是，领导要知道口才并非单纯的口舌技巧，而是一种高度复杂的脑力劳动。人们常说"锦于心而秀于口"，思想若是乏味，语言也难以感动人心。所以，即便有着非常优越的领导才能，领导也要努力丰富自己的学识，认真学习口才的艺术。

本书分为 8 章，有针对性地向读者介绍了作为一名领导在不同的场合应该如何把话说好、说全、说恰当。全书从理论到实践，从说话原则到具体表达技巧，点破了领导口才的奥秘。同时，本书还包含众多领导的讲话实例，具有很强的指导性；书中的技巧性内容很有操作性，便于领导在短时间内提升自己的讲话水平。领导若能忙里偷闲阅读本书，并适当加以训练，口才一定会在不知不觉间得到提升，使个人更加充满领导魅力。

编著者

目　录
Contents

1

第三章 以言攻心，巧妙说服得人心

第四章 巧言批评，化解矛盾不招怨

第五章　会议口才，助你在文山会海中显魅力

第六章　谈判口才，用你的唇枪舌剑掌大局

第七章　演讲口才，讲出你的领导威信

第八章　媒体口才，为你的领导形象增光

第一章
成功的领导离不开好口才

口才,即说话能力。它是一个人行走社会必备的素质,因为无论是处理人际关系还是商场博弈,都离不开好的口才。可以说,好的口才能够造就成功事业,改变一个人的人生。领导肩负着引导组织生存和发展的使命,而这些使命都需要好的口才。所以,领导干部要想成功,必须修炼自己的说话技巧,增强自己的说话魅力。

1. 会说话是一种领导资本

领导，众人之首也。无论你从事哪一行业或来自哪一阶层，都是一个群体或团队活动的策划者、指挥者，必须充分利用好领导力，最大限度地引导和调动被领导朝着既定的目标共同努力。而不管是做决策、发指令、部署工作，还是激励下属、批评员工，再或者接待采访、鼓动民众，都需要通过语言沟通来完成。

语言是人们日常交流、沟通的重要媒介。孔子有"一言可以兴邦"之说，美国人类行为研究者汤姆也曾断言："发生在成功人物身上的奇迹，一半是由口才创造的。"由此可见，古今中外的成功者对说话的能力都是十分重视的。而对于领导来说，口才也是其领导艺术中不可或缺的重要组成部分。

一个口才不好的人是无法成为称职的领导的。在现实中，那些说话不经大脑，说出来的话惹人厌烦，甚至把事情搞得很糟的领导实属不少。会说话，能利用自己的语言交际能力来管理部门或企业，是优秀领导的一种领导资本。

纵观中外历史，成功的领导无不具有高超的说话水平。汉末的诸葛亮，以《隆中对》向刘备分析了天下三分的局势，获得了刘备的重用。而后，他又游说江东，舌战群儒，实现了联吴抗曹。

第二次世界大战期间，英国首相丘吉尔精彩的反法西斯演讲，动人心魄，极大地鼓舞了英国人民的反法西斯斗志。

这些领导机敏睿智，或劝谏，或答辩，或游说，或演讲，或即兴发言，掌握着变幻莫测的形势。

马雅可夫斯基认为：语言是人的力量的统帅。哪里有好口才，哪里就有力量。其实，古来因口才而兴邦，或是因口才而亡身的事情比比皆是。

两千多年前，马其顿国王率兵远征印度。时值盛夏，士兵们口干舌燥，国王四处找水，却只找到了一杯水。但是，国王高举着水杯，对将士们说道："我已经找到了一杯水，有水就有水源，继续前进我们就一定能找到！"然后，国王把那杯水洒在了地上。将士们受到国王讲话的鼓舞，士气振奋了起来，最终取得了战争的胜利。在团队经历危机、下属情绪沮丧时，领导的激励语言可以起到强心剂的作用。可以说，好口才是领导的独特资本。

在现实中，我们经常会发现，一项事业的成败往往取决于一次关键性的谈话、演讲或辩论。一件事，如果抓不住重点，说不到关键点上，就很难引起他人的共鸣，自然难得到他人的合作与帮助。现在，很多公司、企业在招聘管理人才时，往往进行口试，这样做的目的正是为了测试对方是否能胜任领导工作。

1983 年，英国女王授予英国已故前首相撒切尔夫人的顾问戈登·里斯先生爵位，因为他撰写了深得人心的讲稿，有效地提升了撒切尔夫人的演讲魅力和应对媒体的能力，为英国塑造了一位风姿雍容、谈吐优雅和待人亲切的女首相。可见，好口才，会说话，直接关系到一个人事业的成败，是一个人的事业资本。

但是，现在有很多人都抱着这样一种想法——只要我们能干，就会得到上级的赏识，下属的钦佩，这样才可以称为好领导。事实是这样吗？试想一下，工作中是不是有时候，你写的方案明明不错，但由于不善言辞而未能被上级采纳；而对方的方案一般，却因为在做报告时能明确陈述重点，畅谈愿景而获得了上级的肯定。显然，造成彼此之间差异的原因就在于良好的语言表达能力。

优秀的领导往往都以其风度令下属崇拜和钦服。而表现领导风度的其中一方面就是言谈上的智慧睿智、机敏和诚恳等。

优秀而经验丰富的领导在应对提问时总是沉着冷静、才思敏捷。即便面对刁难问题，也总能巧妙地迂回，应对得无懈可击。所以，能言善辩会说话的领导更容易得到人们的尊敬。

在今天这个全球化、信息化的时代，每个领导都面临着新的机遇和挑战。而且，身为一个领导，难免要参与公开活动并发表演说，讲话总是难以推脱的。而由于领导的特殊地位，他们的每一言都可能给下属带来影响。尤其现在网络普及度高，群众参与意识强，若是领导讲话水平欠佳，言辞不雅，不仅会影响自己职权的施行，严重的还会造成不良后果，给企业或部门的形象蒙上阴影。

语言的良好表达是如此的重要，正如戴尔·卡耐基先生所说的：一个人的成功 85％ 取决于沟通——发表自己意见的能力和激发人热忱的能力。所以，会说话，善言谈，是一个优秀领导的必备领导资本，每一个领导都应该自发去学习并获得这一资本。

【说话技巧】

恰如《战国策》云"一言之辩，重于九鼎之宝；三寸之舌，强于百万雄兵"，语言的重要作用可见一斑。领导干部不能小看说话能力，口才卓越将是领导的独特优势。

2. 口才好坏体现领导的水平

古话说得好："言为心声。"领导的说话水平自然体现了他的领导水平，而且对领导个人树立正面的领导形象至关重要。

具体来说，口才好坏体现了领导的哪些水平呢？

说话水平体现着领导的政治水平。我国古人对此有深刻的认识，西汉的刘向在《说苑》一书中写道："百行之本，一言也。一言而适，可以却敌；一言而得，可以保国。"纵观历史，我们发现，成功的政治家无不利用语言这一武器来实现自己的政治抱负，以彰显自己独特的政治能力。

2005 年 1 月，康多莉扎·赖斯正式接替鲍威尔担任美国国务卿一职。由此，赖斯成为美国有史以来政界最具影响力的女性之一。为何她能有如此巨大的成就？

1987 年，赖斯和政治学系的同事参加了一场活动，时任国家安全事务助理的布伦特·斯考克罗夫特就在场。当时，斯考克罗夫特觉得席间言谈十分无趣，直到年轻的政治学教授赖斯博士开始讲话，他的精神才振奋起来。斯考克罗夫特从赖斯的言谈中发现赖斯与他在很多话题上都有共同的见解。因此，当斯考克罗夫特在挑选人才准备与他一起进入白宫共事时，他毫不犹豫地拨通了赖斯的电话。

赖斯专精政治事务，口才好，深得老布什的器重和信任。

　　领导口才直接体现了领导的政治理论水平。这样的领导才能在讲话时有理有据，从全局和事务的发展大势上把握问题、思考问题和解决问题。而且，一位政治水平高、讲话水平高的领导，更符合当前时代发展的需求，更能激发群众的积极性。

　　说话水平直接体现领导的文化水平。我们常说："这个人说话太没水平，看来没读多少书。"或者说："看你谈吐不凡，想必平时是个爱读书看报的人。"这就是说，人们可以从一个人的言谈间看出一个人的文化修养水平。

　　民间流传着大军阀韩复榘的许多笑话。据说，他曾到齐鲁大学演讲。未开口之前，他就给人威风凛凛，有点学界泰斗的感觉，谁知，一张口，就露了馅："诸位，各位：今天是什么天气？今天是演讲的天气。开会的人来齐了没有？看样子大概有个五分之八啦，没来的举手吧！很好，都到齐了。你们来得很茂盛，敝人也实在很感冒。今天兄弟召集大家，来训一训，兄弟有说得不对的地方，大家应该互相谅解，因为兄弟和大家比不了。你们是文化人，都是大学生、中学生和留洋生，你们这些乌合之众……都懂七八国的英文，兄弟我是大老粗，连中国的英文也不懂。今天到这里讲话，真使我蓬荜生辉，感恩戴德。其实我没有资格给你们讲话，讲起来嘛就像……就像……对了，就像对牛弹琴。"此人的一番乱语，尽是些不着边际的话，搞得齐鲁大学的师生十分哗然。

　　由此可见，说话不得体，粗俗不雅，难免要招人笑话，被人看低。而具有渊博知识的人，才能有较强的语言能力，能用自己丰富的知识把头脑武装起来，把问题讲得清楚深刻，深受他人的敬仰。因此，讲话水平体现着一个领导的文化水平。

　　若要领导的讲话言辞生动，文化氛围浓厚，那就要有一个知识的百宝箱，并通过各种形式的讲话，锤炼自己的语言水平。这样的领导才能在下属、公众面前树立自身的良好形象。

　　讲话水平还体现着领导的思想水平。一个人的思想蕴藏在他的脑中，别人无从探查，只能从交流沟通中了解别人的思想。民谚有"听君一席话，胜读十年书"之说，说的就是与思想深刻、境界高的人谈话，非常有收获。

　　邹忌成为齐国的国相后，能言善辩的淳于髡怀疑他的才能，就拜见问难，说："我有些愚笨的看法想说一说，不知可否？"

　　接着，淳于髡说："儿离不开娘，妻离不开夫。"邹忌道："承蒙教诲，我不敢离开君王一步。"

　　"削辣木为车轴，再涂上猪油，坚固而耐用。若把它按在方眼里，就会运转不灵。"

　　"承蒙教诲，我不敢不顺着人情去做事。"

　　"弓干虽然用胶粘住，可有时会脱节，众多河流最终都要汇聚在海洋。"

　　"是，我不敢不亲附万民。"

　　"狐狸袍子虽然破旧，也不能用黄狗的皮去补。"

　　"承蒙教诲，招用贤才时，我会小心地剔除小人。"

　　"车不进行校正，不能负载重量，琴瑟不调整，不能奏出悦耳的音律。"

　　"承蒙教导，我一定修正法令，监督贪官污吏。"

　　至此，淳于髡不言，三拜而退。后来，他对其他人说："我的五条'隐语'，相国都逐条应答，确是高才啊。"

从上述故事中，我们看到，淳于髡用深邃隐喻的语言来考察邹忌的才学和思想。而邹忌也凭借自己的才智，洞悉了问题，并诚恳地接受了告诫。可以说，这两个人的对答显示了双方思想的高度。

此外，领导的说话水平还体现了领导驾驭经济的水平。要知道，在商贸谈判、产品销售、技术引进、国内外合作洽谈等场合都需要领导通过语言表现自己驾驭经济的能力。若是言辞不当，轻则生意难成，重则影响国家经济的发展。

简言之，任何一个领导都是一个群体或团队的带头人，开展工作自始至终离不开领导的讲话。而领导的讲话水平又直接体现着领导的水平。因此，要做一个优秀的领导，必须提升自己的讲话水平。

讲话技巧：领导的讲话水平直接显示了领导的政治水平、文化水平和思想水平的高低，而政治水平、文化水平和思想水平，又极大地体现了一个人的领导能力。因此领导要重视提升讲话水平，多下工夫，丰富自己的知识。

3. 领导口才决定工作成效

我们常说：成绩是干出来的，不是吹出来的。因为领导的大部分工作都是通过"说"来完成的。可以说，领导口才的高低直接影响着工作的成效和取得的成绩。

给下属下达命令，让其完成工作，是领导工作的核心。但是，下命令可不是说两句话那么简单。要是下达命令的方式很糟糕，员工的执行力就会大大缩减。

一种常见的下达命令的错误是命令没有具体内容，下属不知道从何做起。所以，身为领导，你向下属下达命令时，一定要全面介绍相关工作的情况，把做出决策的经过、结论向大家讲清楚，让下属不盲从，从而把握住全局。而且，领导还要抓住重点向下属讲明，"什么是下属要做的""领导要达到什么样的目的""取得什么样的成绩""什么时间之前必须完成"。这样员工心里才有数，才能放手去做。

某公司的产品抽检合格率降低，老板要求负责人提升产品质量，他说："李厂长，最近我们的产品品质不好，你一定要在近期内把品质提上去。就这样，你回去吧！"这句话既没有提到产品该达到的标准，也没有准确的概念。试想，若我们是李厂长，能把这事儿放在心上吗？即便是当成大事去处理，没有领会到上司的真实意图也不敢贸然行动。

然而优秀的领导会这么说："李厂长，最近我们产品品质不太好，OQC 抽检合格率从 99% 下降到了 90%，这个问题很严重。我希望你从今天开始，利用两周的时间让产品的抽检合格率回到 99%。根据调查，我发现问题主要出在新来的 3 名员工身上。所以，你每天要花两个小时培训他们，并增强对他们工作质量的巡查，提升他们的技术能力，以实现我们合格率回到 99% 的目标。我相信你可以做到的。"

相比于第一个命令，第二个命令的概念更清楚、内容更完整、有可操作性、简明和正确，执行起来自然就快速有效。

此外，一些能力超强的领导认为雷厉风行才有效果，所以凡事都扯开嗓门去命令他人，而且还不允许员工发问。这种错误的做法最终将导致下属工作的积极性不断减弱。优秀的领导要和员工沟通，在部署工作后，最好能用几句鼓励的话，如"困难虽然很大，但大家团结一致，一定能克服"，这样可以给下属信心。

调研是领导必做的一项传统工作。实地考察、访问民意、开座谈会、个别谈话、深入实际了解情况等，都是调研的形式。而在这些工作中，领导都要与调查对象或知情人等进行交流沟通。但若是领导不会说话，与调查对象说不上几句话就顶撞起来，或者不知道如何让调研对象说真心话，那就没有办法了解真实情况，自然无从解决问题。这样下去，领导很难开展日后的工作。

领导工作的环节中，决策的制定、执行、监督与控制等每一个环节都少不了组织协调能力。但是，没有良好的语言素养和口头表达能力，要实现组织协调是很难的。因为身为领导，你还必须善听，让别人能充分阐述自己的理由和见解，还必须把你的目标、计划准确地表达出来，并使别人支持你。

《三国演义》里，刘备新败，将少兵微，面对曹操的八十万大军，当时他唯一的希望就是能联吴抗曹。但是，在当时的东吴，文官要降，武官要战，孙权游移不定，周瑜又不在建业。于是，年轻的孔明便担负起"协调"两国关系的重任。他只身赶赴东吴，舌战群儒，使得东吴文臣不再言降曹。然后，他又"激"孙权和周瑜，坚定了东吴抗曹的决心。就这样，孙刘共同抗曹的大局已定。

不仅是从大局上看如此，在日常工作中，组织协调工作更是比比皆是。比如，两个下属闹矛盾了，工作中互相扯对方的后腿，甚至当众大打出手。面对这种状况，领导要问清原因，找出症结，疏导双方的情绪，最好能使双方化解矛盾。还有，在做出决策时，一个人的意见不可能永远正确，冲突和矛盾总是存在的，这时不能回避、抹杀、强求一致，只有做到及时沟通、合理协调冲突，才能为以后的成功做铺垫。

领导的一项重要责任就是把国家的政策、企业的方针和个人的信念贯彻下去。因此，领导必须具备发动群众、动员群众、号召群众的本领，而这项本领离不开良好的口才。若是你口才不佳，阐述不清，就算方案再好，也没有办法让群众了解、理解和接受，当然让群众受感召而自发行动也就无从谈起了。

美国内战期间，民众对于国家的前途感到迷茫，对联邦进行内战的缘由并不清楚。总统林肯通过演讲、会谈和著述等形式向人们宣传"美国该往何处去"。

无论走到哪里，林肯总统都会利用一切机会，重申美国的立国之本就是对国家的热爱，对人们的尊重，对正直、价值和崇高理想的追求。除了在国会演讲，他还冒着生命危险来到战争前线，鼓励、慰问战士，并号召说："为了在这个自由的国家里每个人都能为自己的勤劳、奋斗和智慧赢得一个公平、公开的机会，为了有平等的权利实现自己合理的人生追求，为了这些，我们应该战斗，这个国家值得我们去战斗。"

这些鼓舞人心的语言深深地感召了人们，尤其是那些来自穷苦家庭的民众。人们尊重林肯，信任他、拥护他，并积极地投入到斗争中去。

身为领导，你讲话得体、中听，让人爱听，自然能一呼百应。可见口才运用得好，可以获效益、出成果。

综合上述几点，无论是部署工作下命令、调查研究问问题，还是组织协调化矛盾，还是感召民众、动员群众，口才的好坏直接关系到领导工作的成效。能够熟练运用语言的领导，往往能取得高效产能。因此，提升语言艺术，对领导来说十分重要。

【说话技巧】

语言艺术是领导不可或缺的一种才学。领导通过学习语言知识、掌握语言技巧、提高语言表达能力，能使语言成为领导完成工作的一把利剑。

4. 语言魅力关系领导魅力

领导魅力是领导应有的素质和能力。一位领导是否有魅力，并不在于权力大小、地位高低，而在于是否能赢得人心。而赢得人心的一个重要方面就是领导的讲话水平。因为民众、下属可能很少有机会和领导近距离接触。更多的时候，他们是通过领导的讲话、发言来感受领导的风采，体味领导的魅力。

但是，我们常常看到这样的场景：主席台上，领导讲得口若悬河，下面的听众却打瞌睡、玩手机、频频借故外出。当讲话结束时，台下掌声热烈。原来，听众鼓掌并不是因为领导讲话精彩，而是为自己摆脱了这样枯燥乏味的讲话而欢呼。

　　一个讲话空洞的领导，听众可能连三分钟都忍受不了，他一上台发言，人们心里可能就会腹诽："又是这个讲空话的人，讨厌，真希望他快点讲完。"而一个讲话有魅力的领导，即使讲上两三个小时，听众也会意犹未尽。因为人们被讲话内容吸引而完全忘记了时间，并且会在心中崇拜领导的"能言善辩"。可见，语言的魅力直接关系着领导的魅力，影响着领导在听众心中的形象。

　　在俄罗斯人民的印象中，总统普京从不是一个夸夸其谈的政客，而是一个寡言少语的实干家，从而备受人们的赞誉、信赖。人们之所以留下这样的印象，主要是因为普京最初担任总统后，偶然的一次采访让人们见识到了普京的魅力。

　　当时，普京刚上任100天，支持度扶摇直上。但是由于之前政坛的动荡，所以，各个报刊对普京的未来都非常担忧，传言他将被解职，说他的工作困难重重等。

　　但是，普京却非常坦然地说道："如果老想着会不会下台，就没时间工作了。如果我能在一个月内让国家情况好转，那么一个月的时间已经算很多了。若是一年以后人民生活都没有好转，那我在台上一年也没什么意义。"

　　这一番话，让人们看到了从容淡定、沉着冷静的普京，民众感受到了他身上那种成熟稳重的领导魅力并认可了他。

　　语言魅力的大小，体现了领导魅力的强弱。领导要想彰显自己的领导魅力，就要通过优化讲话的细节来提升自己的讲话魅力。

以下几点可以帮助领导提升自己的语言艺术。

言简意赅

除非是特殊需求，否则作为领导，讲话一定要言简意赅。要下属和听众或坐或站地听你讲三四个小时，必然引起大家的反感。会长话短说的领导，很容易得到下属的认可和喜爱。最怕的是那种以"我只说一句话（或三点）"开篇，但讲起来却滔滔不绝的领导。

幽默风趣

事实上，一个幽默的男人往往比一个外貌英俊的男人更能得到女人的倾心。同样的道理，领导使用幽默的语言，既彰显了智慧，给人愉悦感，又能给人深刻的印象，还可以使领导的话产生更大的力量。

一次，美国前总统里根在白宫钢琴演奏会上演讲。突然，他的夫人南希连人带椅跌落在台下的地毯上，听众一阵惊叫。南希夫人优雅地站起来，在宾客热烈的掌声中回到座位。此时，里根总统随口说道："亲爱的，我不是说了，只有在我的讲话没有赢得掌声时，你才应该表演你的节目。"听了里根这句俏皮话，南希夫人的尴尬顿消，听众也为他的机智、诙谐报以热烈的掌声。

所以说，幽默是一种充满魅力的说话技巧，用得好的话，能营造和谐的交谈氛围。而且，机敏、睿智，又不失风度的话语增强了领导的魅力。

语言通俗

领导讲话要通俗易懂，便于听众接受。有些领导给工人讲话，没有考虑到听众的水平，说了一堆高深的专业术语，结果工人听后没有认同感，这就是失败的。会说话的领导要善用大众语言，如谚语、歇后语、惯用语等，以拉近与听众的距离，增强讲话的感染力。更重要的是，通俗化的语言能让领导具有亲和力。

毛主席是驾驭语言的大师。他在给人民群众讲革命道理时，用了很多通俗易懂的群众语言。比如，"任何人都要有人支持，一个好汉三个帮，一个篱笆三个桩""红花虽好，也要绿叶扶持"、"看菜吃饭，量体裁衣"、"对牛弹琴"、"摸着石头过河"等。这些词富有浓郁的生活气息，群众听着生动有趣，也能很容易接受。所以，人民群众非常喜欢听毛主席的讲话，并且爱读他的文章。

注意，好东西不要太多。就像厨房的调味料，用得恰到好处，那就味道鲜美；要是过量，就坏了一锅好菜。因此，大众语言要用得适量才能起到一语千钧的作用。另外，群众的层次不同，说话的策略也不同：要是面向基层百姓，大众化点好；要是对一些知识分子讲话，文雅庄重更佳。

坚定自信

领导若对自己不自信，说话眼睛不敢正视听众，犹犹豫豫，就会让下属觉得他没有威严。若对自己的决策不坚定，领导说话时难免露虚，让下属难以信赖。说话时，领导的语气要坚定而自信，这样才能显示出你是充满自信、颇有能力的。

日本著名的企业家松下幸之助曾说："一个成功领导的魅力，就像是磁铁一样，吸引着许多优秀的人才。"身为领导，你若是想

15

获得提升自己的领导魅力，不妨从增强语言魅力入手去感染听众的心。

【说话技巧】

讲话本身是一门艺术，要想让自己的语言有特色，你可以适当地幽默，用你的智慧增添自信。这会让听众为你的话而动容，并让听众感受到你的魅力，内心受到鼓舞，话语是否起作用将会在行动中体现。

5. 领导讲话五忌

很多领导烦恼于这样一个问题：自己明明觉得讲得不错，下属和群众怎么就是不喜欢听，不愿意按自己说的去做呢？

如果你正为此烦恼，那不妨先反思一下自己以往说的话，看看自己是否犯了以 5 大说话忌讳。

照本宣科

在布置工作、交流经验、面对媒体采访时，领导都要精心准备讲话稿或者思路提纲，这是必要的。但是，把讲话变成念稿子，变成照本宣科，则会带来种种不良影响。

举个例子来说，领导本来就要和下属、群众打成一片。领导对下属交代任务时，装在脑子里，写在本子上，几句话都能说清。但若领导非要照稿子念得唾沫横飞，那只会大会小会开不完，劳民伤财，而且还难以起到作用。再说，在有些场合中，比如部门聚餐、庆祝会等，讲话应该简短愉快，但若变成念稿子、听报告，那就煞了风景，疏远了下属。

所以，照本宣科要不得。领导讲话发言，应该"不念稿子"，抛开这种形式主义，直接切入主题。

空洞说教

空洞说教是很多领导讲话常犯的错误。有些领导因为自己位高权重、年龄大、资格老，就好为人师，说话时容易有说教腔调。有些领导总是这样说："你必须提高思想认识，从世界观上找找原因。""你要树立远大的理想，前途是光明的。""这种做法是极端危险的。""一定要认识到这件事情的极端重要性，要不折不扣地贯彻上级的指示。"空洞而生硬的讲话，起不到效果，还令人生出抵触情绪，大大地减弱了领导的威信和魅力。因此，口才优秀的领导一定要不说空话，多讲实在话。那些过分的客套话、场面上的话少说，多切入实事，多提出执行力高的决策，简单明了最好。

不懂装懂

出于"输人不输阵"的好胜心作祟，某些领导即便对某事一知半解仍然要装懂。这种装腔作势自然就会给人难以信任的感觉。

某家杂志社的社长曹先生，不管在什么场合都喜欢装腔作势，总以一副无所不知的样子与下属和其他人交谈，甚至还常夹杂着英语来发表"高见"，评判是非。每当他一开口说话，下属立马就低语："天啊！又要开始了。"然后，众人咬着牙，万分痛苦地忍着。

领导讲话，应该讲实话、诉真情。若是说些似是而非、断章取义的话，无疑是授人笑柄。再说了，领导因为本身特殊的权威，天然地具有影响力，若是这些不懂装懂的话传扬出去，对企业形象的影响是极差的。所以，领导应该慎言，多思考、多学习、少说话。

刚愎自用

一些领导个性比较强硬，奉行"谁权力大谁说了算"，总说"我怎么……""我要……"。他们不允许下属提不同的意见，不许下属辩解，否则就觉得自己的权威受到了挑衅。这种目中无人的领导，与群众对话时话不投机，与记者对话时文不对题，怎能算是优秀的领导！

如同开车必须随时注意交通标志一样，说话也必须随时关注听者的情绪和反应。领导不要以自我为中心，多听听下属或群众的意见，亲和耐心地和他们沟通。

优柔寡断

领导讲话优柔寡断的表现之一是朝令夕改，就像下棋中的"悔棋"。用事实填充大道理，可以避免讲话沦为大话、空话，还能联系现实。

一言以蔽之，说服不是雄辩，它不需要华丽的辞藻，但是，它要具备一项前提，就是以大量的事实为依据。这些事实可以是双方共同认可的或组织共同认可的，也可以是社会共同认可的。只要它是经得起推敲的真实事件，领导手中就握有了有说服力的武器。

【说话技巧】

人们常说"事实胜于雄辩"。领导应该多积累一些史实和现实的实例，并结合公理、格言等理论论据去进行说服。

6. 话多不如话少，话少不如话好

正所谓言多必失，多说招怨，乱说惹祸。一个随便说话、爱长篇大论的人，往往是一个没有责任心的人。身为领导，一言一行都对下属、企业，乃至国家有着重要的影响力，需承担起责任。因此，说话应当得体并有分寸，少说、精说。

德国里登乃尔在《自由演讲的技巧》一书中说道："在 45 分钟的演讲里，听众会在前 15 分钟获得较多信息，而之后的 30 分钟则收益甚微。"因此，即使领导在台上说再多无用的道理，听众可能接受的还是前 15 分钟传达的信息。可见多说并非都有益。

领导并不是上帝，所以不能全知全能。当你对某件事没有深刻了解的时候，最好少说话，甚至保持沉默。当有经验或更了解情况的人在座时，我们若说得多了，便会暴露出自己的弱点。另外无论是探讨学术问题、接洽重大生意，还是社交应酬、娱乐，领导说出来的话，一定要言之有物，这样才能给人留下深刻的印象，起到"一鸣惊人"的作用。

列宁的"三分钟演讲"久负盛名。

据说，由于受到战争破坏，国民经济凋敝，纸张奇缺。报纸印量大减，国内许多地区长期无法读报。因此，列宁建议党和国家著名的活动家、作家，如加里宁、高尔基等，把演讲录成留声片发行传播。

由于当时的技术条件，一次演讲被限制在 3 分钟之内。列宁第一次录音不幸超出了 3 分钟。回去后，他精心推敲文稿，掐着秒表反复练习，终于在第二次录音时恰好用 3 分钟完成。这就是"3 分钟演讲"的来历。

在 3 分钟演讲中，列宁将丰富生动的内容用深刻精炼的言辞表达了出来。以《什么是苏维埃政权》为例，讲稿译成中文才五百多字，却把世界上第一个劳动人民政权的实质、定义、职能和必胜的未来讲得非常透彻，令许多人叹为观止。文学家高尔基赞道："能这么通俗地阐述清楚如此复杂的政治问题，我还是第一次听到。"

谈"最为复杂的政治问题"尚可简明阐述，那我们在平时的工作中又为何不能这么做呢？

可能有些领导觉得讲话少很容易，事实却并非如此。美国第 28 任总统伍罗德·威尔逊曾经坦言道，对于他而言，两小时的讲稿不用准备，马上就可以讲；限时 1 小时的讲稿，需要 1 个星期的准备时间；要是准备一份 10 分钟的讲稿，就得花两个星期。

这是为什么？道理很简单。演讲时间越长，领导压缩演讲内容的任务就越轻，需要的时间自然少。但是，演讲时间越短，领导就务必要把演讲内容浓缩，做到既无一遗漏，又可以很清楚地将演讲的中心思想传达给听众。去芜存菁的这个过程自然要花较长的时间。

如前所说，列宁的三分钟演讲很短，但之所以能收到大成效，正是因为他在每一次演说、每一次报告、每一次讲话之前都会花费大量的时间精心准备。

那领导如何让自己的话既少又精呢？答案就是高度概括。

领导在介绍情况、陈述观点、发表意见的时候，若能使用高度概括、十分凝练的语言，提纲挈领地把问题的本质或重点都表达出来，就可以达到"片言以居要，眉目能传神"的效果。不少领袖人物都具有这种高度概括的能力，能用精准恰当的语言表达关键问题。做到高度概括，浓缩精华，可以通过筛选和归纳这两种方式来"删减水分"。

一、筛选概括

在听取大家发言时，领导可能记下许多条目，它们或想法，或措施；或可采纳，或不可行。此时，领导要总结发言，就必须将所有的意见和措施概括，选出具有统一性、普遍性、重要性的问题，删掉那些次要的、偶发的问题，然后整理出一个清晰的意见或方略表述出来。

二、归纳概括

领导在讲话时，可以集中提炼那些具有结论性的内容或者能独立存在的内容单元，然后将它们归纳为简单的句子或整齐的短语。这就是归纳总结，能给听众留下深刻的印象。

一位宣传部长在评价新闻队伍建设如今的弊端时，曾说："部分记者中出现了'四多四少'的现象：跑沿海的多了，跑内陆的少了；跑城市的多了，跑农村的少了；跑会议的多了，跑调研的少了；跑富裕单位的多了，跑贫困地区的少了。有的记者很少下基层深入群众，而是习惯会议开开，宾馆住住，礼品拿拿，简报看看，大笔挥挥。这种作风非常危险。"这里就用了"四多四少"这样的高度对比和"会议开开，宾馆住住，礼品拿拿，简报看看，大笔挥挥"这五个短语，充分而高度地概括了问题。

领导讲话要坚持"话多不如话少，话少不入话好"的原则。讲话过程中，尽量丢掉那些表面的、客套的内容，通过筛选和归纳总结，将讲话浓缩，从而不断提升自己的表达艺术水平。

【说话技巧】

英国人波普说："话犹如树叶，在树叶太茂盛的地方，很难见到智慧的果实。"所以，领导讲话时要精炼。同时，为了不减弱领导的权威性，领导说出来的话一定要"好"，这样才能"惊人"。

7. 赢在内功，好学识是领导的口才之根

2006 年 9 月，英国《泰晤士报》的记者采访温家宝总理，提问道："您睡前最喜欢读什么书？读完后，有哪些问题常使您难以入眠？"要是一般的领导，可能会说，我晚上读某方面的书，最近在看某书，从中感悟到了什么。但是，睿智的温总理是怎么回答的呢？

温总理通过引用诗文，回答了这个关于读书和思考的问题。他先

说了左宗棠的诗"身无半亩,心忧天下;读破万卷,神交古人",随后又讲到理学大师张载的"为天地立心,为生民立命,为往圣继绝学,为万世开太平",接着他谈及郑板桥的"衙斋卧听萧萧竹,疑是民间疾苦声",还当众吟咏了康德的诗:"有两种东西,我对它们的思考越是深沉和持久,它们在我心中唤起的惊奇和敬畏就日新月异,不断增长,这就是我头上的星空与心中的道德定律"。最后,温总理用诗人艾青的诗"为什么我的眼里常含泪水?因为我对这土地爱得深沉"来结束了对记者提问的回答。

温总理借这些诗文来抒发理想情怀。而记者、民众从这些诗文里看到了总理的真诚、亲民以及温文尔雅的儒家风范。温总理也因此被称为"诗人总理"。

回过头来看看我们自己,为什么我们不能讲出那些珠玉之词和独到见解呢?为什么我们常常窘迫于不知道讲什么,而别人却可以旁征博引呢?原因就在于学识不足。

美国口才训练大师戴尔·卡耐基曾说:"我们天天都由我们所讲的话所规定。我们所说的字句表示我们的修养程度。它使有鉴别力的听众明白我们与何种人为伍,它是我们教育文化程度的标尺。"也就是说,好口才是建立在深厚的学识基础之上的,学识就如一个深扎土地的大树,口才是大树上繁茂的枝叶,只有大树根深,树木才能茁壮繁茂。领导的学识越是广博深厚,他的自身素质就越高,而口才和交际能力就越强。

因此,领导要想拥有良好的口才,一定要注重培养自己的内涵,提升自己的文化素养。具体来说,领导干部可以从以下 3 个方面努力。

一、建立丰富多彩的"语言库"

空洞、枯燥的语言，很难引起人们的兴趣，贫乏、一般的语言也难以使听众接收到足够的信息。若是领导在自己的思想里建立一个丰富多彩的"语言库"，其中包含着各种形象生动的词汇、新颖的句子等语言要素，那领导的讲话就会妙趣横生。

除了积累基本词汇和常用的一般词汇，我们还要学习和积累文言文、专业名词、新生词汇。讲话中偶尔使用文言文，可以使语言中带有一种历史的沧桑感。在恰当的场合使用一些文言词句，能起到某种特殊的感情色彩，听起来庄重而深刻。2003 年，温总理曾说："当总理后我心里总默念着林则徐的两句诗'苟利国家生死以，岂因祸福避趋之'，这是我今后的工作态度。"

身为领导，需要和不同行业、不同领域的人社交应酬，若能掌握一些行业术语，既方便沟通，又使语言表现出独特的专业气息。此外，新词、流行词能使我们的言谈更加充满时代气息。

二、收集材料、储备内容

我们与人交谈，不能总谈些枯燥的业务，必然要谈到其他领域的话题。如果每次都在天气问题上打转，根本体显不出领导的水平。其实，可以说很多话题，如天文、地理、音乐、文学、体育、股市、房地产、汽车、旅游等。要能谈论这些，那就要肚里"有货"，而方法就是细心观察、耳濡目染地感受生活和社会现象。

美国前总统林肯在担任律师期间，曾在小阿姆斯特朗"谋财害命"案中担任被告的辩护律师。

审案时，证人福尔逊发誓，说在案发当日，也就是 10 月 18 日那天晚上 11 点，他借着月光，从二三十米外，看到了被告站在西边用枪杀死了站在东边的死者。听完证词后，林肯道："证人说谎。10 月 18 日那天晚上是上弦月，晚上 11 点时早已没有月光了。即使证人时间记得不太准确，稍有提前，但是月光是从西方照向东方的，小阿姆斯特朗的脸上不可能有月光。那么，证人在二三十米外怎么能看清被告的脸呢？"

此案之所以能如此快地审清，固然与林肯的好口才有关。但是，若林肯没有天文学知识为依托，再好的口才也无用武之地。

需要注意的是，不要以为趣闻轶事只是茶余饭后的谈资。有好口才的领导擅长用轶闻趣事和个人的经历来打破沉闷的谈话气氛。当然，记在脑子里的轶闻趣事最好是有吸引力的、不粗俗的、能发人深省的。

三、多读权威书籍

身为领导，大多时候你都要举出可靠且被人广泛认可的论据，此时，你会发现多读几本书是多么有必要。而且，正如英国思想家培根所说的："读书足以怡情，足以长才。读史使人明智，读诗使人灵秀，数学使人周密，科学使人深刻，伦理使人庄重，逻辑修辞学使人善辩。"曾连任英国首相的裴特，其积累知识的原则就是"凡可增进知识者，无不习之"。他阅读了罗克的心理学、史密斯的财经学、莎士比亚的戏剧和著名人物的传记等，在其执政的几十年里，他大量的多学科知识的积累在其演讲中发挥了巨大作用。

当前，我们已经迈入了一个知识经济的时代，领导不仅要具备全新的知识，更要做到广博和对知识深刻地理解。只有这样，才能使领导的口才之树根深叶茂，促使听者敬佩折服。

【说话技巧】

口才不仅指表达能力，他更强调说话人必须有丰富的知识、独特的思维以及独到的见解。优秀的领导应该不断学习，积累词汇，丰富内涵。

第二章
言语激励,让下属发愤图强

通用电气的 CEO 杰夫·伊梅尔特曾说过:"一旦成为一名领导之后,你所面临的最大挑战就是学会激励身边的人、培养他们,并帮助他们学会改变自己。你必须克服这一挑战,同时需要明白的是,领导的任务就是为自己的团队成员提供服务。"那么,领导应该如何激励和鼓舞员工呢?

1. 赞美不蚀本，舌头打个滚

俗话说："重赏之下，必有勇夫"。满足下属的物质需求，支付较高的工资，往往是有效地激励员工和留住人才的方法。但是，物质激励并非十全十美，有些员工的优点和成绩并不适合用定量的物质去奖励，并非所有的领导都有足够的物质去给员工发奖金福利，更有甚者，奖金并不能满足人们的心理需求。

一位爱吃烤鸭的财主专门聘请了一位厨艺高强的厨师，要求他顿顿都给自己做美味的烤鸭。

从某天开始，财主发现端上桌的烤鸭只有一条腿。他虽然觉得奇怪，但不好意思追问。可接连几天都是如此。财主忍无可忍，问："鸭子的另一条腿呢？"厨师却答："鸭子本来只有一条腿，不信咱们去看。"

时值炎热的夏日午后，鸭子们都缩起一条腿，单腿站在树下休息，确实是"一条腿"。财主见此，使劲拍手，鸭子被掌声惊起，迈开双腿跑开了。

财主反问："你看，鸭子不是有两条腿吗？"厨师意味深长地说："如果您早知道拍手，那鸭子就有两条腿。"

每个下属都如同故事中的厨师，有渴望别人赞美自己、夸奖自己的心理需求。当工作做得好，或者完成了一项重任，每个人的心里都默默地期待着上司的表扬、赞美。如果领导没有注意到或者没有满足下属的情感需求，那么下属就会产生挫败感和消极情绪，觉得自己干好干坏领导并不在乎。时间长了，下属就会犯嘀咕："领导怎么从不表扬我？是不是对我有偏见啊？"这样，下属对领导有了感情隔阂和成见。这既不利于完成日常工作，也不利于整个部门或企业的长远发展。因此，领导只注重物质奖励是不够的，还要进行精神奖励。

也就是说，领导要懂得以言语表扬和赞美下属。当下属受到欣赏和赞许，就会产生荣誉感和成就感，对自己更加自信、对工作更加热爱，就更能提高工作效率。当年，脾气暴躁人缘差的巴顿正是被上司潘兴将军的夸奖而感动，决心用战功报答潘兴将军的赏识，最终才因骁勇善战而成为一代名将。

赞美他人是一门艺术，领导要掌握适当的说话技巧，这样才能让下属听着舒心并深受鼓舞。那怎样才算赞美到位呢？

赞美要真诚，表扬要具体

如果领导只是为了赞美下属而赞美，并非发自内心，那会让下属觉得虚伪。一些领导常使用空洞、刻板、不带任何感情的机械性话语来赞美下属，这会让员工感觉被敷衍了，因此难以起到鼓舞下属的目的。赞美下属一定要有诚意，发自内心地感谢下属的付出，并对下属的工作给予肯定。

有明确的指代，有理由的赞美，往往会让听者感到真诚。

美国前总统罗斯福就非常擅长具体表扬。一次，克莱斯勒公司专门为下肢瘫痪的罗斯福总统制造了一辆汽车。罗斯福和朋友们一起欣赏了这辆车，并当面夸奖工程师钱柏林："感谢你们花费时间和精力研制了这辆车，真是了不起。"然后，他欣赏了汽车的散热器、特制的后视镜、车灯等。也就是说，他关注到了每一个细节，并逐一夸奖了一番，钱柏林先生真切地感受到了罗斯福对他个人的尊重和赞扬。可以说，赞美、表扬的话越具体，表扬的有效性就越高。

下属需认可，赞美应及时

一名员工告诉领导，他忙碌了两个月终于让大客户签单了，还是本季度最大的订单。然而，领导对员工的出色表现却只是用一句很冷淡的"是吗"作为回应。这种态度让员工的积极性大受挫伤。这是不正确的。上司的认可是对员工工作的最大肯定。即便员工表现得很一般，领导若能说句感谢的话，给员工打个私人电话祝贺一番，都能起到极大的激励作用。

还有一些领导，在部门或企业处于困境中时，总是善于赞美。但是，在一帆风顺时，管理者就不再激励员工了。需知，此时的员工也同样需要赞美。

著名的美国橄榄球主教练托尼·邓吉曾执教坦帕湾海盗队，最初球队总输球，数次遭到媒体批评。然而，托尼仍然在赛后细心地表扬球员们的亮点和球队的进步。后来，球队开始赢球，广受赞誉，托尼心里也很满意。但是，他却很少表扬球队了。结果，一位球员问托尼："你对我们的每场比赛都不满意吗？"由于托尼没有及时说出自己的认可，造成了大家的误解。托尼有感而发，说："作为卓越的领导，宁愿多鼓励人也不要'惜字如金'"。

赞美下属要抓住时机。员工出色地完成了任务，此时就应该给予赞美或奖励，若是赞美滞后，员工就越会气馁，从而丧失工作积极性。

即便日后给予赞美或奖励，也没起到多大的激励作用。现代心理学的一项研究表明，及时激励的有效度是80%，而滞后激励的有效度却只有7%，所以好领导要及时赞美下属，这对于激发员工的工作热情是很有必要的。

赞美要适度，"誉人不溢美"

表扬下属、赞美他人要有度，过度则可能会让下属感到难堪和反感。比如，一位下属在困难条件下攻克了技术难关。领导赞扬说："世上无难事，只要肯登攀。小周同志的行为体现了爱国青年勇于拼搏的意识和革命乐观精神！"前半部分不错，但后半部分就给人一种夸大其词、空洞无物的感觉了。

古语有言："誉人不溢美。"对被表扬者的优点，领导应该恰如其分地如实体现出来，既不缩小，也不夸大，有几分成绩说几分，不要任意美化，肆意拔高。否则，被表扬者会感到内疚、被动，或者盲目自我陶醉，其他人则会不服气，滋生邀功讨赏的不健康风气。所以，肯定下属一定要坚持实事求是的原则。

总而言之，赞美与表扬是强有力的肯定方式，能产生超越金钱激励的作用。领导应当善加使用这一有力武器。

【说话技巧】

著名的激励大师史都·雷文曾经说过："每个人都想要丰厚的薪水、年终红利、股票分红，但真正的激励绝非只靠金钱这种东西。而让他觉得有目标，让他觉得他所从事的是一项有价值、对双方都同样重要的事业，这才是真正能产生激励的原点。"因此，领导要用好言语激励这一手段，多说赞美、表扬的话。

2. 良言暖语，抚慰失意的下属

很多领导往往只看到那些成功的下属，对他们大肆赞美。然而，那些付出辛勤劳动却不那么成功，甚至有些失意的人，领导们却忽略了他们的存在。还有一些领导，对这些失意下属总是指责，没有半句宽慰的话，这样的领导很难赢得下属的尊敬。

其实，失意者付出得并不比别人少，可能因为这样或那样的缘故与成功失之交臂了。如果领导不能给予失意者激励，那么他们日久之后就会丧失自信，没了斗志。当下属失意，遭遇不幸，及时给予真诚的安抚和鼓励是领导应尽的责任。适时鼓励下属，他们一定会恢复信心，重新找回自我。

曹玲是某公司的市场助理，半年前开始负责两个新区的业务。但是，由于她在人际协调方面没有经验，导致合作的好几个环节没有处理好，项目未达到期望。领导没有过多地责备曹玲，但是，曹玲自己却无法释怀。

观察到这一情况，曹玲的上级苏经理找到她谈话。谈话之前，苏经理了解到曹玲因为工作出了差错，担心失去领导的信任，怕领导怀疑自己的工作能力，害怕在团队中不被人尊重等诸多心理。因此，在谈话时，苏经理先是鼓励曹玲把自己的心事都说出来，而他就安静地倾听，不时点头或回应，表示理解，让曹玲觉得苏经理特别关注她的感受。

之后，苏经理根据曹玲的情况，真诚坦率地讲了自己的想法，并给出了一些处理人际关系、进行部门协调的经验。最后，苏经理还鼓励她："只要继续努力提升工作水平，我相信你一定能独当一面。"

苏经理的耐心倾听和温和引导让曹玲抛下了包袱，重新找回了信心。

有着沮丧、悲伤或者愤怒情绪的人都需要温柔聆听的耳朵。首先要听对方倾诉，摸清对方的烦恼原委。这样，安慰的话才可以说到点子上。当然在倾听时，不能保持沉默，而要用眼、耳、心去倾听，然后肯定他们产生情绪的理由，认可他们的感受，之后再逐步深入问题，和他们一起分析原因，找到改进办法，从而化解心结。

当下属身处困境，对自己没有信心时，领导的表扬和鼓励起到的作用比平时大一千倍，甚至可能成为下属人生的转折点。

倪萍刚调到中央电视台时，领导决定要她担任《综艺大观》的主持人。当时，倪萍没有这方面的经验，所以对自己没有信心，再加上当时北京人对"外来妹"的质疑更使她感到压力巨大。所以，倪萍在节目录制之前惴惴不安。

节目组的导演将一切看在眼里，对倪萍说："你有这个能力。想想你自己的工作经验，你毕业于山东艺术学院，又演过话剧，拍过影视剧，舞台感觉定然不错。再说了，你之前主持《人与人》专题片时就早有人说你上镜，台词说得好，将来准出名。"

这番话让倪萍重新鼓起了勇气，决心要做出成绩给大家看。果然，倪萍出色地完成了主持工作，并且让亿万电视观众记住了她的名字。

下属面临事业不如意时，领导要做的是理解和支持他强烈的上进心和事业心。这个时候，领导应多理解，多鼓励。你不必总劝对方忘掉忧愁，更不要说服对方随波逐流，放弃理想，最好就是帮助对方总结经验，分析有利或不利的条件，从而克服灰心失意的情绪，树立信心。人们常说，锦上添花容易，雪中送炭难。领导若能在下属陷入困境时雪中送"炭"，给员工送去安慰和激励，定能温暖人心，令人振作。

另外，倘若下属身患疾病，精神不振，领导在关怀时，要尽量避免谈及病情，而要多谈谈病人感兴趣的事情。这样做，一是转移了对方的注意力，减轻了他的精神负担；二是多谈与对方有关的喜事，可以使他保持精神愉快，有利康复。

一位领导去看望生病的下属，言谈间听出下属担心公司因他身体问题而解雇他。这位领导就说："你这一生病，大家顿时发现了你的重要性。总感觉没了你在公司，工作就没头绪。老王，你一定要安心把病养好，大伙儿都盼着你回去。"领导在话语间认可了员工的重要性和价值，更能令员工安心。

除了语言，有些肢体行动也是无声的安慰，比如坚定相信的眼神、轻拍对方的肩膀等。领导在鼓励对方的时候，不妨充分运用这些肢体语言，表达出自己的支持和信赖。

总之，人人都有脆弱的一面，都会遇到不开心的事情，变得失意。作为一个领导，如果下属出现了这种情况，要采用恰当的语言和方式及时安抚。

【说话技巧】

安抚和鼓励失意者时，领导要避免使用怜悯的话语，因为这仿佛

只是在重申对方的难处而会使其更加痛苦。此时，领导说话的语气应该是低沉严肃而又不乏力量的。这样说才能真正达到激励对方的目的。

3. 巧用三言两语，"煽"出员工的干劲

身为领导，你时常会为这样一个问题烦恼：员工为什么不能积极主动地工作？为什么面对重大任务时，仍然干劲缺乏？

殊不知，下属不积极，无干劲，一半的责任要归于领导。因为企业或单位真正的资源是人，管理工作就是充分开发人力资源以便做好工作。下属没干劲，自然是领导工作做得不到位。另外，一个组织中的每一个成员都好比是斜坡上的圆球，由于惰性随时会下滑，但同时由于成员自身的成功欲望，形成了一种向上的力量。如果领导能够用各种方式激发员工，那就能把人的惰性降低，激发成功欲，让员工在斜坡上快速持久地提升。

正所谓"矢不激不远，刀不磨不利，人不激不奋"。员工的干劲是需要激发的。身为领导，你要了解员工什么时候干劲最大。

一般来说，员工在以下几种情况下，干劲最足。

第一，当自己的意见被尊重或采纳时。

员工渴求价值感和尊重感。若领导给员工机会，让其对企业或部门的发展畅所欲言，并审查这些意见或建议的可行性，甚至采纳一些好的建议，那就能让员工活跃起来，充满干劲地参与企业的发展建设。

第二，受到领导的赞扬时。

一位清洁工下班后仍然主动留下来清扫卫生。当发现有人偷窃公司的财物时，他非常勇敢地与小偷斗争，最终配合保安和警察将小偷擒获了。事后，有人问他为什么心甘情愿地加班，还这么勇敢地保护公司的财产，清洁工答道："因为老板每次见到我，都夸我扫地扫得干净。"

领导的赞扬满足了员工的成就感，在精神上激励了员工。而且，领导的赞扬还表明领导对下属的关注，这是对下属的另一种激励。

第三，领导与下属同甘共苦时。

企业发展触礁、前途渺茫时，员工往往会陷入消极情绪中，失去战斗的勇气。此时领导应该做那个在黑暗中点亮火炬的人，鼓励大家战胜眼前的困难。

某玩具工厂接了一批外商的订单，但是货量大、时间紧，如果按照正常的生产周期是无论如何也不能在规定交货日期前完成的。若无法完成，工厂就得向外商赔偿一笔巨额的违约金。厂里领导为此召开了全厂职工大会，并根据厂里的情况发表了讲话。

"工友们，现在有一件关系咱们厂生死存亡的大事要和大家商量。大家都知道，最近两年，市场竞争激烈，咱们玩具厂的利润不断下降，大家也都遭受了损失。我是厂长，没有让大家多得工资，很对不起大家。但是，现在机会来了。有一个近九万美元的外商订单，不过需要在一个月内完成。我知道这有困难，但是工友们，厂里得到这个合同不容易啊，不干，我们就没饭吃啊。"说到这里，厂长停顿了一下，大声问道："工友们，咱们干不干？""干，加班加点也要完成。"会场里，响起了一片喊声。

由于老板"煽动"了员工的干劲，全厂上下齐心协力，努力生产，最终在交货日的前三天完成了全部生产任务。

在危机中，激励下属、把员工的积极性和热情引到工作中来，是企业更经济、更可靠地获得高素质下属最直接、有效的办法。

领导与下属有时候其实是一体的。一项工作的顺利完成，给领导个人及团队都会带来好处。可若是事情发展得不顺利，或事情本来的胜算就不高，或下属的能力有限，最终导致事情的失败，此时，领导若一味地埋怨下属、推卸责任，必然会令员工受到打击。我们身为领导，下属犯错，就等于自己犯错，最少是督导不力和所托非人的错误。所以，当下属犯错，领导要和下属同担责任，要尽量替下属的错误埋单。

1980 年 4 月，美国营救驻伊朗的美国大使馆人质作战计划失败了。当时的美国总统吉米·卡特立即在电视上做了声明："一切责任在我"。此前，美国人民对卡特的评价不高，大多讽刺他是"误入白宫的历史上最差劲的总统"。但是，仅仅说了上面这句话，民众对卡特的支持率就暴增了 10%。

第四，有强大的竞争对手时。

员工若没有压力，就很容易产生惰性，不思进取。这样的员工没有前途，员工所在的企业也没有健康活力的未来。所以，领导应该在工作过程中，给员工施加适当的压力，帮他找个竞争的对象或发展的目标，以激发员工的干劲。

一位老板有一个多年为自己开车的司机老刘。最近一段时间，老刘工作态度恶劣，迟到早退，开车时还心不在焉。老板坐车没安全感，还有几次因为迟到耽误了出门谈生意。

遇到这种事情，老板也不直接批评，只是若无其事地对老刘说："老刘，你知道公司的小陈吧？算起来，他还是你的晚辈，我听说小陈很不错，待人热情、工作认真，从不迟到早退。"老板虽然没再说什么，但老刘的工作态度却发生了很大的转变，因为他打心眼儿里不想输给小陈。

让懈怠的员工注意竞争对手的真实存在，是一种无形的激励方式。有时候不需要明说，只需暗示他别人比他做得更好就可以了。

总而言之，一个公司中的执行力程度的高低与是否用对激励方式大有关系。领导在激励员工鼓足干劲时，要具体问题具体分析，针对不同性格的员工，采取最恰当的方式。

【说话技巧】
记住员工的姓名是最简单、最有效的激励手段。

4. 请将不如激将，领导如何"激"励下属超越自我

张伦工作能力强，但有些畏难心理，你若想让他承担一项重任，怎么办？

徐涛精力充沛，可容易满足现状，不思进取，若想让他成长起来，身为领导该怎么做？

刘梦虽然有才华，但是总担心自己做不好，不敢挑战新任务，你怎么让她勇于负责大项目呢？

人们常说"请将不如激将"。面对上述三类下属，领导若能妙用"激将法"，说不定就能让员工爆发出一直隐藏的力量，让其振奋精神，接受挑战，并出色地完成任务。

对于"激将法"，每个领导都不陌生。《三国演义》里讲到，马超率兵来犯，张飞请令出战，但是诸葛亮却假装没听见，故意对刘备说："马超智勇双全，在渭水把曹操杀得大败。我们只有把荆州的关羽调回来才能对敌。"这可激恼了张飞，他立下军令状，出战马超，与对方酣战了一昼夜，一举打败了马超。张飞勇猛自不必说，但要是没有之前的刺激，张飞的责任感、紧迫感和潜力就不可能激发出来，也就难以完成如此艰巨的任务。所以，孟子说的"一怒而天下定"颇有道理。

领导要想让员工挑起重任、独当一面，不妨先狠狠地给对方头上泼一盆冷水，打击一下他的信心。这样的话，被激者往往会在愤怒或不服气之下爆发出能量。当然，"激将法"可不是随便乱用的。领导要根据员工的个性、态度和心理承受能力来决定是否使用激将法。

对待能力强，但有畏难心理的下属

好胜心是每个人的天性。如果下属是好胜心比较强的人，抓住这一点去"激将"，激将法更容易达到目的。

艾尔·史密斯担任纽约州州长时，恶魔岛最恶名昭著的辛辛监狱正逢管理员空缺。辛辛监狱是一座充满丑闻和谣言的监狱，需要一位强人来管理。几经思考，艾尔·史密斯便把新汉普顿的刘易士·劳斯请来。

史密斯对劳斯说："我们请你去主持辛辛监狱，怎么样？那儿需要一个有经验的人。"劳斯非常为难，他知道辛辛监狱的典狱长是一个政治性职位，政治家攻击不断，典狱长换了又换。他必须为自己的前途考虑，不想冒险。

史密斯见劳斯犹豫不决，就微笑着说："年轻人，你害怕了。我不怪你，这不是个容易对付的地方，它需要一个有能力的大人物坐镇。"

此话一出，就激起了劳斯的好胜心。他接受了挑战，并坚持了下来，成为当时最负盛名的看守长。

在工作中，我们常会发现某些工作杰出的员工因工作出色而沾沾自喜，甚至目中无人。此时，领导就应该适当地给他泼泼冷水，"激"他一下。你可以这么说："我觉得小秦的工作很出色，上次你们的任务得以完成，他的功劳不小，你可得加紧努力啊。"这样，他就会感到压力，从而更加积极地投入到工作中。

对待有能力，但不思进取的下属

有些下属很容易满足现状，工作不出色，也不愿意挑战难题。这时，你可以这么对他说："小刘，这项重要的工作交给你。你之前的工作一直不出色，我心里挺没底的，但公司实在没人手，我希望你能尽心尽力，做出些成绩。"一般来讲，听完这话，人们都心里不舒服，有一股倔强气，非要做出点成绩给人看。这样就达到了领导激励员工的目的。

对待自卑、承受力差的下属

有些自卑的员工虽然有才华，可总害怕自己干不好。这时领导若还狠狠打击，往往会让他更怀疑自己的能力。因此，领导将激将法用在这里不太合适。

不过，你若是能在打击对方过后，再派一个得力的助手，告诉对方："其实领导是想重用你，他一直挺欣赏你的，但你一直不自信，领导实在是没办法，才想出这招，看能不能把你'骂醒'。"这样一来，对方之前的气恼和委屈就会消失，感受到领导给予的信任和压力，从而会振作起来。

激将其实是一种反向的鼓励。如果下属态度不错，也愿意承担重任，正面的鼓励和支持能激发对方的热情。但若是好说好劝都无用，对方的心理承受能力又较强，那领导不妨试试以适当的言辞"激"他。

【说话技巧】

常言道：树怕剥皮，人怕激气。身为领导，善用激将法，你也许能激发出下属超越自我的欲望，使其独当一面。

5. 善于明确目标，施行长效激励

目标是能激发和满足人的需求的物质。当人们有了目标，并把自己的行动和目标不断对照，知道自己的位置和目标的距离时，人们行动的积极性就会持续高涨。马斯洛曾经说过："每一个自我实现的人都献身于某一事业、号召、使命和他们所热爱的工作。"反之，下属没有个人目标，只是一味地随波逐流，那就很难有工作的主动性、积极性。

住持吩咐一个小和尚担任撞钟一职。小和尚撞了半年，觉得这个工作十分无聊，没什么意义。

一天，住持告诉小和尚，经他考察，小和尚不能胜任撞钟一职，调他到后山劈柴挑水。小和尚很不服气，说："难道我撞得钟不准时、不洪亮吗？"住持说："你撞的钟确实准时、响亮，但钟声空泛、绵软，毫无感召力。钟声是为了唤醒沉迷的众生，因此还需要圆润、浑厚、深沉、悠远。"

在这里，住持作为领导，就犯了一个错误——没有及时给小和尚下达工作的目标。如果小和尚工作的第一天就知道撞钟的目的和标准，就会产生崇高的责任感，那他是不会消极怠工的。正是因为缺乏目标，没有参照物或要求，员工慢慢就迷茫和懈怠了。

英国盖洛普调查公司通过调查研究发现，有 12 个因素影响了员工的效率，其中的第一个因素就是：我知道公司对我的工作要求。也就是说，优秀员工关注的重点也是目标和责任，正是有了它们，员工才有了方向感，能把精力和资源都集中在一个目标上，从而激发员工去追求高业绩和大发展。比如，领导要求下属"本月销售收入要比上月增长 10%"，这样的目标具有挑战性，员工做出努力就可以达到。就如树上的苹果，他跳一跳就能摘到。这样的激励效果最好。

领导应该如何以目标激励员工呢？

一、和员工一起商量出恰当的职业生涯目标

一般来说，目标的价值越大、越高远，就越能激励人去奋进。但目标太过高远，也可能打击员工的积极性。因此，目标的难度应以中等为宜，最好制定正确、恰当的目标。

3M公司，全称明尼苏达矿业制造股份有限公司，非常重视员工的发展。员工一进公司，就被告知规划个人理想的前景是员工和公司双方的责任。进入公司后，员工可以提出自己未来发展的方向，或提出一个目标职位。然后，员工的主管会和人力资源管理人员一起审视这个目标的可行性，并不断跟员工沟通或修正，最终订立下发展计划。由此，员工受到目标的激励，就能主动提升工作的积极性。

二、工作的总目标和阶段性目标相结合，长远目标和近景目标相结合

如果仅有一个总目标，会让人感到难以企及，从而影响员工充分发挥积极性。因此，领导和员工一起商量目标时，还要设置若干个合理的阶段性目标，采取"大目标，小步子"的办法，把总目标分解为若干个经过努力就可以完成的阶段性目标。打个比方来说，一个万米长跑运动员，快跑不动的时候，若我们告诉他还有一千米就到达终点了，那他即便此时筋疲力尽，也会重新振作起来，奔向终点线。领导要把这一方法用在管理上，善于把长远目标与短期目标结合起来，持续地、长效地调动下属的积极性。

三、员工达到目标后，领导要及时表扬或奖励

如果员工完成了某个目标，并且受到了领导的奖励，那么在今后

的工作中他就会更加积极地去完成任务。

所以，此时领导可以当面祝贺员工："恭喜你完成了本季度的工作任务。辛苦了！"假如不能当面祝贺，那就写张便条赞扬员工的良好表现，会让员工收获到有动力的小惊喜。公司的当众表彰能大大地激发员工的积极性和奋斗精神。因此，若条件允许，当众表扬员工和某个团队，例如开个小会庆祝一下，或者贴出文件祝贺一下，都可以在不同程度上鼓舞士气。庆祝会不必太隆重，只要及时让团队知道领导肯定他们的工作就行了。

此外，员工获得阶段性成果时，领导和上级要把成果反馈给员工。反馈可以让员工知道自己的努力是否足够，还有那些欠缺。如果员工未达到目标，领导可以与其一起讨论未达到目标的原因，为下一个目标管理周期创造更好的条件，以利于设置新目标。这种关注和关心也可以激励员工。

目标具有引发、导向和激励的作用。一个人只有不断对高目标进行追求，才能激发出奋发向上的内在动力。领导要善用目标激励，将每个下属内心深处的动力挖掘出来。

【说话技巧】

注意：采用目标激励法时，领导告知员工的目标应该具有明确性。

6. 以愿景凝聚人心，激发团队的热情

愿景是一个国家、企业或部门未来一段时间内形成的大家愿意全力以赴的方向是全体员工为之努力的共同奋斗理想。没有远大愿景的组织，领导不能给下属指明方向，下属的行动是毫无章程的；而有了共同理想的组织，领导通过传扬愿景，就能激发下属充满希望地奔向未来。

一家火锅店生意火爆，在全国各地都开设了连锁店铺。且由于实力强，它总能以高额工资吸引到人才。但是，生意红火的同时，上到老板、中到经理、下到普通员工，对自己要做什么都非常迷茫。老板天天为火锅店奔忙，辛苦劳累还不快乐，不知道自己奋斗的目标是什么；中层经理总觉得大家聚在一起，谈论经营和钱，就是没讨论过企业精神。员工有时也不懂自己到底为什么到这里工作。久而久之，这个企业在精神层面就散了。这就是因企业缺乏愿景而导致的员工迷惘，企业发展停滞。

简而言之，愿景是国家或企业对未来发展的一种期待和定位。比如，迪斯尼公司刚刚成立时，它的愿景就是"把快乐带给世界"。对于听众或下属来说，愿景是令人向往的美丽图景，有激励和正确导向作用，能给对方指明方向，让众人充满热情地前行。

美国民权运动领袖马丁·路德·金在华盛顿林肯纪念堂前发表演

说《我有一个梦想》，说道："我梦想有一天，这个国家会站立起来，真正实现其信条的真谛——'我们认为真理是不言而喻，人人生而平等。'我梦想有一天，甚至连密西西比州这个正义匿迹、压迫成风、如同沙漠般的地方，也将变成自由和正义的绿洲。我梦想有一天，我的四个孩子在一个不是以他们的肤色，而是以他们的品格优劣来评价他们的国度里生活……"马丁·路德·金这次极富说服力的演讲感染了众人，众多人士至今仍为建立一个自由和平等的国家这一愿景而不懈努力着。

然而，现在很多领导却未能实行愿景激励。平时，领导总会对下属说："好好干，集团不会亏待你的"或者"公司好了，大家自然就好了"。这些话看似把员工和企业联系在了一起，但其实并不是如此，员工听后大多不以为然，无关痛痒。

领导要掌握愿景领导的能力。在公司的各种会议、典礼上，在与下属的谈心中，领导要告知员工组织的愿景是什么，让员工意识到要做什么。松下电器的创始人松下幸之助在中层经理进入公司后，就会告诉对方公司未来 20 年的愿景，一是给这些人信心，二是激励下属为未来愿景而努力。一位 IT 公司的老板创业初期所开出的工资并不高，但总能找到顶尖人才，其秘诀就是他总是以愿景激励应聘者，还告诉对方自己是业界的资深人士，可以教给他们很多东西，提升应聘者的业务能力。

20 世纪 90 年代初期，钢铁企业普遍亏损，只有邯郸钢铁厂年年赢利。于是，很多冶金企业的领导纷纷到邯钢取经。经过调查，大家觉得邯钢的成功在于采用了降低成本的措施中的一部分，于是将这些措施借用到自己的企业中。不过，效果却不理想。

其实，降低成本只是管理的措施之一，邯钢之所以能成功，关键在于从上到下都在为"办好邯钢，扭亏止损，让全体职工与企业实现双赢"这一共同愿景而努力。邯钢的最高领导人和员工一起构建了这一愿景，并积极在下属中"推销"这一愿景，最终让工人们深切感受到了自己的命运与企业未来的紧密关系。于是，各个车间、每个工人都涌出为邯钢奋斗的热情，他们不但严格执行了厂里提出的降低成本的措施，还想方设法主动为厂里降低生产成本。

在组织还不成熟的阶段，公司的最高层领导要制定愿景并将从愿景延伸出来的战略、宗旨、价值观、信条等内容告知和传达给员工。在传达时，领导要注意以下几个问题。

领导传达给下属的信息必须是直接、清晰的，不能用模糊的话。现在一些企业家说到愿景时，总是说我们要成为"世界知名的品牌"、"国际一流的公司"等高远、空泛的口号。这些口号看似充满雄心壮志，实则还是不能让下属找到前进的方向，还有好高骛远之嫌疑，效果甚微。国外知名企业的领导人是如何表述自己的愿景的呢？微软公司的愿景是"计算机进入家庭，放在每一张桌子上，使用微软的软件"；苹果电脑公司的愿景是"让每个人拥有一台计算机"。

共同愿景往往产生于危机时，此时要想激发团队的热情和员工的积极性，领导对公司或部门的现状要说实话。有些领导可能担心说实话会引发危机，但是领导经常说实话，会锻炼大家的适应能力。而且，只有说真话，彼此间建立了信任，员工才能更容易地接受公司的愿景。

领导在"推销"愿景时，要着墨于愿景的好处。除了站在公司的立场上发表意见，领导还要以个人的意见生动形象地向员工传达未来的愿景，指明它的切实可行之处。

苹果公司的创始人史蒂夫·乔布斯在制定并传递有效愿景方面具备很强的领导力特质。他把自己对消费者深刻的理解以及苹果产品追求完美品质的理念，很好地传递给了苹果公司的各位员工。

乔布斯常为大家勾勒出一幅异常辉煌壮丽的未来景象，并用"让我们一起在这个世界上留下点印记吧！"这句话鼓励大家。而且，在每次新产品发布会上，他描述的不仅是产品，还有公司的未来。

深受乔布斯愿景领导的影响，苹果的员工真心相信自己的工作正在改变世界。员工罗巴尔曾在接受采访时说："我们每一个人都有着强烈的使命感与高远的目标，大家都在齐心协力将我们所梦想的一切变成现实。"

企业的创办者或者领导可以买到下属的时间、技术、能力，但却不一定能买到员工或团队对工作的全部热情然而领导若可以以愿景激励来实现这一点。所以，告诉下属或听众：我们是什么，我们为什么，我们干什么。

【说话技巧】

优秀的领导不用整天发号施令，共同愿景会促使员工自发努力。尤其在市场不景气或前途不明时，领导要多谈愿景，目的是把积极的气氛和正面的思想带给团队。即使情况真的不佳，你也要让团队觉得未来是好的，从而发挥热情。

7. 下属提出离职，怎样挽留员工

完全避免员工流失是不可能的，但是身为领导，我们不能无视员工离职这个问题。大量的普通员工离职会影响企业的正常工作，核心和骨干下属离开公司则可能直接影响部门或企业的发展。因此，领导应当尽力降低人员的流失，对将要离职的下属做出恰当的挽留。

身为领导，应该如何对待提出离职的下属？一般，如果有下属提出辞职，领导和人事部门要立刻做出反应。一方面要尽可能地了解员工离职的原因，另一方面要弄清员工要去的下一个企业所提供的条件。在与辞职员工约谈之前，领导要制定恰当的应对方法，以实现对下属的挽留。

如果员工无法胜任企业的工作，人际关系恶劣，甚至已经严重影响到企业的管理运行，那这样的员工主动离职时，领导无需挽留。优秀的领导可针对其中有理想、有抱负的离职者做职业人生指导，比如，针对对方的个性和人生追求提出一些有建设性的建议。

员工若是属于成熟型的，已经找到了更具发展的新工作，或者打算出国留学或进修，有了新的发展平台，而公司又提供不了这样的条件，那就好好祝福员工。此时，领导要尽量配合他离职程序的进行，毕竟在同一个行业里，兴许以后还能合作。

上面是两类不需要挽留的员工。那若需挽留优秀员工或骨干员工时，如何说服和激励员工坚持？

下属提出了离职请求，在他离开当天或之前领导应该安排一次或者多次临别谈话。谈话的目的主要是分析和了解他离职的原因。所以，此时不要一开始就劝阻挽留，而要先倾听，听听下属自己的情况和想法以及他对部门或企业的看法。如果你想要听"临别真言"，可以告诉对方"我会对你说的话保密"，以便让下属坦诚直言。要是听完之后，你发现了留下对方的契机，尽量通过沟通开导，释放对方的压力。

一般来讲，一些下属并不是真心要离开企业，可能是希望以此达到加薪、调职、晋升等目的。这样，离职面谈就变成了"劳资谈判"。当然，如果你正巧要给员工加薪或晋升，那自然皆大欢喜。若是你或公司人力资源部门并不认为对方可以升职或加薪，那领导一定要讲究说话策略，尽量把负面的拒绝转变为正面的激励。

某报社的编辑部主任赵东松接到了下属苏明的离职申请。赵主任找苏明谈话，弄清了对方是因为薪水问题而提出离职的。但是，苏明目前的工作表现，并没有达到公司员工加薪的标准。

于是，赵主任想了想，说："小苏，你做助理编辑的时间不短，工作努力程度我也看在眼里。现在的情况是这样的，我们离第一次薪金评估还有半年多时间，我现在没法给你直接加薪。"

停顿了一下，赵主任接着说："另外，我仔细看了你的业绩表，比较有说服力的数据还不太充足。你再加把劲，争取在评估前把你手上那个采访项目做好。而且，咱们不是新开辟了一个栏目吗，你尝试一下，说不定就能取得好成绩。这样的话，在年底评估时，你的业绩报告就比较有说服力了，到时候我一定为你尽力争取。"

赵主任通过巧妙设定一个实际而有意义的目标，回绝苏明当前的加薪要求。更重要的是他把负面的离职、加薪被拒转变为了正面的激励。事实上，只要领导设身处地为下属着想，给出合理的挽留理由，那一定会取得员工的理解。

有些员工可能会因为工作枯燥，没有发展自我的机会而选择离职。此时，领导为了激发他的积极性，可以提供以下补偿方式。比如，你可以这么说："你是年轻的技术人员，公司不愿意失去你。管理层昨天进行了一次沟通，提出了一个方案——调你到总部的技术部门工作。薪金待遇和现在一样，不过那里的办公条件和生活质量要比现在优越，重要的是能接受更多培训，在那里你也会得到更多发展的机会，你觉得怎么样？"下属若有些上进心，那就会对这样的安排感到满意。

优秀的下属离职，也有可能是被压力所逼迫，而这些压力可能主要来自领导。某企业的部门经理杨经理，上有脾气暴躁、官僚气重、对下属态度恶劣的部门徐总监，下有勤快得力的人事专员周雨。但他烦恼的是，人事专员周雨一直不能适应总监的领导风格，常常被骂得当场痛哭，数次表示要辞职。三天前，周雨正式跟杨经理提出了辞职，坚称自己再待下去于身心无益。杨经理很看好周雨，公司也准备升她做主管，可怎么挽留呢？

不少员工都因无法承受压力而辞职，若要挽留，首先要倾听对方心中的声音，理解对方的难处，帮助对方释放压力。同时，领导还可以针对现状，做好安慰和鼓励，比如说："我们作为职场中人，会遇到形形色色的上司，要改变领导的做事风格不太可能。所以，我们能做的就是改变自己，换位思考。"领导还可以把自己的应对经验传授给下属，让他感受到你的诚意，达成挽留的目的。

在用激励挽留员工时，领导要把握好尺度，不能员工要什么就给什么，这样留下来也不太好管理，对企业的忠诚度也或多或少有所缺失。而且，平时领导就要与员工多沟通，了解员工的需要。这样有针对性地进行激励才能达到目的。

【说话技巧】

在挽留员工时，领导绝对不可以说这些话："你出去不一定能找到这么好的工作。""你平时这个做不好那个做不好……""你怎么这么没良心，平时我对你多好。""如果你敢不来上班，我在你劳动档案里写上'开除'，还要扣你工资。"你这样说，只会强化员工离去的决心。

8. 善用修辞是增强领导说话力度的法宝

就职演说、纪念发言、庆典致辞等活动中赞美、表扬的话，目的都是激励、坚定人们的信心，激励人们的斗志。每个领导都希望自己的激励讲话有力度，可以起到振奋人心的效果。若要达到这一目的，领导应借助修辞这一语言沟通法宝。

所谓修辞，就是修饰、调整和加工语言。通过修辞，语言表达的艺术效果就会增强，显出一种动人的魅力，领导的讲话就会变得生动、形象，听众更易理解和接受。修辞方式有很多种，如比喻、比拟、借代、夸张、排比、对偶、双关、设问、反问等，但在讲话中，我们很少能灵活运用它们。现在我们就来介绍一下几种应该常用的修辞方式。

比喻

比喻被誉为"语言艺术中的艺术"，是指用熟悉的东西来描述或刻画抽象的事物。巧妙地运用比喻，能给语言增加一种斑斓的色彩，让语言生动、有感染力。

郭沫若先生 1978 年在全国科技大会上讲话，题为《科学的春天》。结尾时，他说："日出江花红胜火，春来江水绿如蓝。这是人民的春天，这是科学的春天。让我们张开双臂热烈地拥抱春天吧！"这个结尾短短的几十个字，把科技大会的召开和国家对科技的重视，比作科学的春天，然后又加有排比和反复手法，充分表达了郭沫若先生炽热的感情，具有很强的感染力。

比喻可以直观而形象地彰显事物的内在特征，让人们更加清楚地认识事物的本质或严重性。

1858 年 6 月，林肯在斯普林菲尔德发表洲竞选演说。

在分析国家面临的重大问题时，他说："如果我们能首先了解我们的处境和趋势，那么我们就能更好地判断我们应该做些什么以及怎么去做……这项政策（结束奴隶制）旨在结束由于奴隶制问题而引起的动荡不安，可在贯彻这一政策的过程中，动荡反而愈演愈烈。我认为，不到危机临头和危机过去后，动荡是不会停止的。一个分崩离析的家庭维系不了多久。我相信这个政府不能永远保持半奴隶和半自由的状态。我不希望这个国家分崩离析，我不希望这个家庭灭顶倾覆，但我确实希望它结束分裂的状态……"

林肯把南北两种制度并存的局面比喻为"一个分崩离析的家庭"，生动形象，反映了美国民众要求统一的强烈愿望。

大凡道理都是抽象、枯燥、难以理解的。巧妙地运用比喻就能把抽象的道理变成形象具体可感的事情，从而获得人们的理解和共鸣。

借代

为了把某个问题说清楚，不直接说名称，而是借用与此相关的、人们熟悉的事物来代替，这就是借代。除了表达得形象具体之外，借代还能起到简洁精练、富有情趣、易激发情感等作用。

1946 年 8 月，毛泽东接受了美国记者斯特朗的采访，提出"一切反对派都是纸老虎"的观点，并说"拿中国的情形来说，我们所依靠的不过是小米加步枪，但历史最后将证明，这小米加步枪比蒋介石的飞机加大炮还要强些。虽然在中国人民面前还存在着许多困难，中国人民在美国帝国主义和中国反动派的联合进攻之下，将要受到长时间的苦难，但是这些反动派总有一天要失败，我们总有一天要胜利。"

这里，毛主席就是用"小米加步枪"代指人民武装，用"飞机加大炮"来代指国民党的反动武装，形象地说明了当时敌我双方的物质条件，并说明了处于劣势的革命力量必然战胜貌似强大的反对势力这一深刻道理。

注意，运用借代修辞时，我们要选择有明显代表性，且为人共知的事物来借代。一些含有讽刺意味，或者带有侮辱性的以及那些不够庄重的借代，都不要采用，否则会降低领导的身份，削弱领导的威信。

排比

为了加强讲话的气势，人们常常把结构相同或相似，语气一致、意思紧密的两个或两个以上的词组或句子连接说出来，这就是排比。除了文句整齐，节奏感强之外，这样说有助于强化语势，形成强烈的表达效果。

1987 年，撒切尔夫人第三次连任，她转变了之前任职时的任重道远感，越来越倾向于表现自己的信心、斗志和霸气。

第三次任职首相时，撒切尔夫人说："我们有权利也有义务提醒整个自由世界注意，英国再次信心百倍、力量强大和深受信任。我们信心百倍，是因为人们的态度已经发生了变化；我们力量强大，是因为我们的经济欣欣向荣，富有竞争力，而且在不断强大；我们深受信任，是因为世人知道我们是一个强大的盟友和忠实的朋友。"

排比句若运用得当，对于话语的正面作用特别有利，能使人热血沸腾，起到凝聚听众力量的作用。事实上，撒切尔夫人在第三次连任时，使用排比句增强气势非常正确，这使得她在人民中的威信不断提高。领导应该在适当语境的发言中灵活运用排比修辞法。

反问

反问虽然是问句，但并不需要听众来回答，因为明确、坚定的答案就是问句的反面。反问常表达激动的情绪，适用于热情奔放、情绪激昂的场合。

1775 年，美国著名的政治家帕特里克·亨利的一次讲话被誉为"美国独立战争的导火索"。在弗吉尼亚会议上，帕特里克·亨利充满激情地说："先生们高喊：和平！和平！但，和平安在？实际上，战争已经开始……我们的同胞已经身在疆场，我们为什么还要站在这里袖手旁观？先生们希望的是什么？想要达到什么目的？生命就那么可贵？和平就那么甜美？甚至不惜以戴锁链、受奴役的代价来换取吗？……不自由，毋宁死！"

在帕特里克·享利的讲话中，坚定明确的言辞加上一连串的反问，传达出了一种震撼人心的正气，非常有分量，能让每个听众都精神振奋。

人靠衣装，马靠鞍。领导语言也需要修饰。灵活、恰当地运用修辞是领导不可或缺的口才基本功之一。领导不妨有针对性地多学习和练习使用一些修辞手法。

【说话技巧】
修辞是语言表达的基础性技巧，表达效果强，且有助于一个人形成特定的讲话风格。领导巧妙地运用修辞，就能让语言熠熠生辉。

第三章
以言攻心，巧妙说服得人心

下属在执行领导决策时，可能会打折扣。有的下属会坚持己见，抵制领导的正确部署。此时，聪明的领导往往会运用卓越的领导口才，以言攻心，巧妙地说服下属。

1. 动之以情，推心置腹感化下属

下属对领导的决策、指示可能有不满意、不服甚至抵触的情绪。领导若不及时排解、疏导，必然会影响管理工作。一个优秀、经验丰富的领导，应该拥有过人的领导口才，并及时做好沟通说服工作。

古人云：感人心者，莫先乎情。情是万善之源，领导只有先在情感上征服下属，才能攻破对方的心理堡垒，达成说服下属的目的。正如罗勃·康克林在《如何鼓动人们为你效命》一书中所指出的，"如果你希望某人为你做某些事，你就必须用感情，而不是用智慧。与对方谈智慧能够刺激他的思想，而谈感情可以刺激他的行为举动。假如你想发挥说服力，最关键的就是必须认真对待对方的感情问题。"

战国时期，博学善辩的蔡泽想说服秦国丞相范雎退位，结果被范雎厌恶。蔡泽去见范雎，推心置腹地对他讲了很多古代名臣因未能审时度势及时隐退而招致杀身之祸的教训。范雎观其真心实意为自己考虑，消除了误解和抵触情绪，主动交出了相印。可见，对他人推心置腹，以情动人，就能让对方接受你的意见。再加上领导本身有权威，若能讲真情，就很容易感动对方，使对方主动转变。

方德恺是一家企业的部门经理。云辰是方德恺的下属，但是，同时又是公司前辈以及方德恺上司的朋友。由于在竞争部门经理时败给了方德恺，云辰如今的态度是面服心不服，工作上常拖部门的后腿不说，有时还在背后说方德恺的坏话。

方德恺很烦恼，心想：要是云辰工作再没有起色，就不给他安排工作，让他自动走人。不过，在那之前，方德恺准备和云辰推心置腹地谈一次心，也算作最后一次尝试。

茶馆中，方德恺和云辰相坐着喝茶，气氛就像两个故友叙旧。方德恺没有切入正题，而是谈起了自己作为北漂族的感受，如为梦想独闯异乡、不辞辛苦、对事业的热爱、在工作中遇到痛苦和成就的感受，这都引起了同是北漂族的云辰的共鸣。最后，方德恺提出希望经验丰富的云辰成为部门的项目顾问的愿望。总之，方德恺希望云辰能了解自己的苦心。

周一部门例会上，云辰一反往常的消极态度，开始聚精会神地参会，偶尔还发言提建议。这让方德恺既惊喜又欣慰。

和风细雨式的劝说和春风化雨般的提醒，每每更能触摸人的心田。领导在劝服下属、客户的时候，要善于运用情感技巧，讲明利害关系，要使对方觉得你是没有丝毫不良企图，而是真心实意为他考虑的。这样双方的心就接近了，会产生"都是自己人"的效应。

在施行以情劝说的过程中，有两点需要注意。

了解说服的对象

我们每个人的个性不同、经历不同、思想感情也不同，若不了解这些差异，说服的效果必然受影响。比如，有些人情绪比较容易激动，常常没听完你的下文就辩解，以至于把你的下文漏掉了，听乱了；有些人有主见，对你的意见有防备心理，这时要先拉近距离。诸葛亮说服暴烈好胜的张飞时，采用的是激将法；而对自负、处处不让人的关羽，他采用的则是推崇法。

了解对方的长处和兴趣，可以让领导在说服时找到切入点。因为谈论对方擅长的领域，或者对方的兴趣，就容易和对方谈到一起，消除彼此间交流的障碍。打开了"话匣子"，说服就容易了。有时候，领导还可以把下属的长处当做说服的有利证据。比如，你想把一个下属调到某个岗位，可以这么说："我几番考察，发现你在这方面很有才能，其实这是个发挥你能力的好机会。"这一番说服，有理有据，还能以信任激励下属。

下属不服或有异议可能源于当时的情绪，可能正巧与同事发生矛盾而生气，或家中父母生病正着急。领导若能了解对方当时的思想动态，再有针对性地进行劝说，成功的机会更大。

用中肯的话语讲真情

感情的交流是确保说服成功的决定性因素。在说服过程中，如果双方感情真挚，就能引起思想感情上的共鸣，解决摩擦和纠纷。反之，如果缺乏真情实感，无形中就形成了心理障碍，难以达到说服的目的。

1915 年，科罗拉多州煤矿公司的工人为了要求改善待遇而罢工。小洛克菲勒最初召集军队镇压，结果酿成了流血事件。后来小洛克菲勒转变了方法。他搁置罢工事情不谈，特地和工人们做朋友，探访和慰问工人家庭，缓和了双方的紧张关系。

他对罢工运动的代表团做了一次十分中肯而感人的演说。

"今天，是我一生中值得纪念的日子，因为我有幸见到了公司的劳方代表、职员和监工齐聚一堂。这场聚会若在两星期以前召开，那我对大家可能就是个陌生人。上周，我有机会到南区煤矿所有的工棚去看了一遍，并且和各位代表有过个别谈话。我拜访过你们的家庭，见过各位的妻儿，今天我们都以朋友的身份见面，不再是陌生人，我们之间已经有了友善互爱的精神，我很高兴有此机会和各位一起讨论有关我们共同利益的问题。

我个人虽然代表着公司方面的董事会，可是，我和诸位并不是站在对立面上的，我觉得我们大家都是有着密切的关系和友谊的，我们有着彼此关联的生活问题，现在我很愿意提出来和大家讨论一下，让我们从长计议，找到一个能兼顾双方的圆满解决办法，因为这是对大家都有利的事情……"

小洛克菲勒的演说，没有华丽的辞藻，但是话语中肯、情感真挚，字里行间流露着真情实意。因此，这次讲话产生了神奇的效果，平息了双方之间的仇恨，让罢工得以结束。所以，领导要以情动人，一定要带着真挚的感情与下属或民众推心置腹地沟通交流，营造讲真话、谈实情的氛围和环境。

说服是人和人沟通之中最佳的工具。身为上司，你若希望能与下属相处融洽，并且让他们勤奋地工作，必须学会说服他人的策略和技巧。以温和、有耐心、有说服力、有体贴的心为依凭，领导就能通过动之以情的方法说服下属。

【说话技巧】

白居易诗云：功成理定何神速，速在推心置人腹。今虽非古，情同此理。领导劝勉人，应推心置腹，晓之以理，动之以情。"通情"才能"达理"，说服的话才能深入人心。

2. 温和的建议比强硬的命令更有效

上司在和下属相处时，通常有两种交流方式：一是命令，二是说服。

领导通过下达行政指令来完成工作部署和安排，即命令。一说到"命令"，人们就很容易联想"军令如山，不得不从"。如果领导认为一项政策没有讨论的余地，直接发布命令，下属就要百分之百地执行，这有可能带来高效率。但是，在与下属单独沟通且双方意见相左的情况下，若再用命令强制员工去做事，那就可能适得其反，让下属在心中给领导贴上"专横"、"独断"、"霸道"等标签。与"命令"不同，说服是诚恳地引导对方按照自己的意愿办事，是有商有量的沟通方式。

南风和北风的寓言故事，形象地说明了温和比强制的沟通方式更容易被人接受。身为领导，我们都希望下属高效地完成任务，但鉴于强迫手段只能让下属被动地实施决策，引发工作的低效化、无效化和负效化。因此，我们应该采取温和的态度、友善的方式，以充分发挥下属的主动性和积极性。

一位下属曾评价自己上司的优点：他从不直接以命令的口气指挥别人。每次，他都是耐心地把自己的想法讲给下属听，然后问："你觉得这样可以吗？"如果下属起草文件不到位，需要改动，他总会用征询、商量的口吻说："我们把这句话改成这样，是不是比较好呢？"

因为这种尊重，下属在这样的领导身边任职都非常轻松。

然而，不可忽视的是，如今还有很多领导仍然单一地只用命令的方式指挥下属，此类领导很容易被大家列入讨厌者的行列。常言道：与人说理，须使人心中点头。优秀的领导在与下属沟通时应心平气和、耐心商讨，并注意以下几个方面。

领导应该有开阔的心胸，说话时要克己忍让。下属或其他人与自己意见相异时，我们不能借权力和地位去压制对方，命令下属必须做什么。否则，下属的反抗就像收紧的弹簧一样随时可能爆发。高明的领导要学会忍让，礼让三分。这会激起下属的愧疚心，让对方从心底敬佩领导，于无形中接受规劝。

下属戒心重，领导要调节气氛。说服他人时，若领导总是板着一张脸，皱着眉头，很容易引起对方的反感和抵触，不利于说服的进行。而且，被劝说者本身就可能有戒备心理，这样做无疑是雪上加霜。最好的办法是，领导在说服别人之前，就想办法与对方调节气氛。比如，说些俏皮话、笑话、歇后语，让气氛和谐融洽一些。以和颜悦色的方式商量建议，能够维护下属的自尊和荣誉，这样的说服就容易成功。

戴尔·卡耐基曾讲过发生在自己身上的事情。

数年前，我的侄女，19 岁的约瑟芬来纽约担任我的秘书。当时，她高中毕业不久，几乎没有任何工作经验，所以常犯一些错误。

一次，约瑟芬又犯了一个常识性的错误，我正要批评她、说服她改正的时候，我对自己说："等等，你的年纪比约瑟芬大一倍，经验比她多一万倍。你怎么可能希望她有你的观点、有你的判断力、有你的精力呢？你在 19 岁时正干什么？还记得你那时呆笨的举动、愚蠢的错误吗？"

　　经过这番考虑，我意识到只是一味地责备是无益的。当我要让约瑟芬注意或改正她的错误时，我就会这样开始说："约瑟芬，你做错了一件事，但老天知道，我所做的许多错事比这更糟糕。你当然不是天生就具有判断力的，那只能从不断的摸索中得来经验。而且你比我在你这年龄时强多了。我自己也曾犯过许多愚蠢的错误，所以我不愿意批评你或任何人。但如果你按某种方法去做的话，你想那不是更聪明吗？"

　　听了这样的话，约瑟芬并未产生抵触情绪，而是积极做了改正。

　　求同存异，商量出具体的做法。领导和下属不管对一件事情如何观点迥异，但总有一些共识。此时，为了能够说服对方，领导应该敏锐地把握这种共识，缩短与被说服者之间的心理差距。当双方认可了共识的存在，那些之前的反对者也会静下心来听领导解释自己的观点，因此就有了攻入别人内心的好时机。

　　当然，领导此时可以以温和建议的方式和对方探讨如何具体付诸行动，如做什么，做到什么程度等。

　　从某种意义上说，命令或者说服其实都是一场"攻心战"。一副盛气凌人的架势是无益于说服的。对于领导来说，学会巧妙地顾全下属的面子，多用温和的建议去说服比强制下命令要好得多。

【说话技巧】

　　温和的建议意味着对下属的尊重，这一举动必然会得到下属的回报。在日常工作中，领导应尽量少命令、多商量，让下属乐于接受，并积极主动、具有创造性地完成工作。

3. 切莫耻于谈利益，衡之以利有功效

说服，起点是"要他做"，目的是"他要做"。达成这一转变的关键就是利益。《史记·货殖列传》有云："天下熙熙，皆为利来；天下攘攘，皆为利往。""无利不起早"，每个人要做的事情必定都是对他有利的事情。只要以此为支点，衡之以利，就踏上了说服的坦途。

但是，现在不少领导都"耻于谈利"，反而反复地讲大道理。这显然不合时宜。如今，薪水不仅是人们谋生的基础，也是个人或家庭在回收多年付出的"成本"，更侧面显示着一个人的能力高低。因此，每个人都对获得利益梦寐以求。因此，与其说花费时间去讲一些大道理，不如找到你与对方的利益交汇点，这样一句话就可能打动对方的心。

美国的一些企业在引入人才时，制定了优厚的待遇以留住人才。高科技人才在美国的收入是发展中国家的几十倍。而且，美国的公司还设有名目繁多的奖励项目，如奖金、利润分成、收益分成等。

据说，有一次，各国企业纷纷争夺一位掌握核心技能的工程师，当时各家开出的优厚待遇如竞拍价格般层层攀升。眼看工程师的身价一天比一天高，美国的一位企业领导不争了，他直接对工程师说："让他们去竞价吧。得出最后结果后，我们企业乘以五"。试想一下，竞价的金额本身就是一笔巨款，这家美国企业竟然承诺要给予最后结

果的五倍的"天价"，这怎么能不让工程师动心呢！最终，这位工程师选择了这家美国企业。

虽然领导可以用高压手段迫使员工服从命令，但这同时也会让下属产生反抗心理，极大地影响工作效率。由于人们总是对自己很关心，所以，如果领导能在命令或任务的信息中加上一些与下属本身利益有关的话，那下属就自然会关心，进而被说服，自觉地去做事情。当年，发明发电机的法拉第之所以能获得政府的资助，正是因为他告诉首相普及发电机能增加税收，而税收就是首相关注的"利"。可见，无论对象是谁，"谈利益"都是有效的说服方法。

所以，领导要想说服下属担当重任，说服下属心甘情愿地加班，为企业付出，就要许以利益、福利，并让每一位下属切实获利。

领导不但可以直接以满足对方欲望和所需的利益来诱导说服对方，我们还可以打另一张牌——人有趋利避害之心，领导要晓之以利害。

2012 年的电影《林肯》讲述了冷酷无情、不择手段的伟人林肯与他所从事的令人热血沸腾的解放黑奴的事业。

片中，为了获得议员的支持以通过宪法第 13 条修正案，1865 年第二次任职总统的林肯决定把不少空缺的职位给那些在大选中失去席位的民主党议员。众议员乔治·也门激烈反对《奴隶解放宣言》，但是，林肯对他进行了一番动之以情、衡之以利的劝说。

林肯说："我曾见过一条船，载满带着镣铐的黑人，沿着密西西比河顺流而下前往新奥尔良的奴隶市场。这让我感觉很糟糕，就像在我的眼前蒙上了一层阴影。"然后他又说自己从父亲那里学到了追求自由和平等的可贵。

不过，也门先生并不好劝服，他固执地说："我们还没有完全做好解放黑奴的准备，有太多值得商榷的问题没有得到解决。"

林肯步步紧逼，说："我们同样也还未做好迎接和平的准备，对吗？当那个时刻到来之前，我们要根据情况调整，以确定最好的方法。乔治，我读过你的演讲稿，黑人与选举权，这是个难题。"

也门先生很坚持，说："黑人不能有投票权，总统先生，请您别再劝说我了。"

此时，林肯坐下来，看着也门先生的眼睛，说道："只有你们消除对于奴隶制的依赖，我才会告诉你们议和的日期。我们要面对的不是别的，是第13条修正案的投票表决。这两件事将先后发生，您自己权衡一下吧。"

可以说，说服别人只了解对方是不够的，要想赢得合作和支持，我们必须搔到他的痒处，触到对方的要害上，利益无疑就是这样一个点。正所谓"两利相权取其重，两害相权取其轻"，趋利避害，这是人的本性。在说服别人时，领导晓之以利害，往往能够提高说服力。古代的苏秦、张仪等人之所以能说服帝王，就是因为他们着眼于君王和国家的着眼点，以此为利刃。

用一个小小的铁环穿进牛鼻子，就可以使牛乖乖地听话，甚至年幼的小儿，也能将牛掌控住。如果领导能够牵住说服对象的"鼻子"，他必然就会听命于你。而无疑，人的"牛鼻子"就是利益。以利益为切入点，你就能变"要他做"为"他要做"。

【说话技巧】

以对方的利益、欲望、需要为支点，这是天底下最佳的说服方式。

在你开始要陈述你的意见以及想法的时候，领导必须掌握与对方切身利益有关的事，直接以他关心的"利益"来作为主题沟通。

4. 善做下属的老师，把说教话讲成激励话

皇明太阳能股份有限公司的董事长黄鸣先生认为，主管对待下属应该以老师的心态去应对。众所周知，师生关系本身是一种平等和谐的关系。老师教育学生，是为了学生更好地成长。更重要的是，老师在教育学生时，目的是为了促使对方改正并奋发。因此，在言辞上会特别去除可能会伤及学生自尊心的话语。这点也是领导需要学习的。

当下属有能力，但借口公务繁忙而拒绝某项特殊任务时，一般的领导可能会抓住机会说教，说员工如何不思进取，偷懒耍滑。但是，懂得"硬话软说"的领导会这么说："我当然知道你忙，最近抽不开身，但是，我思来想去，只有你才是最佳人选，别人都没你有能力。"领导没有枯燥说教，而是适度表扬了对方的固有优点，让对方获得了心理上的满足，从而在心情愉快的情况下由"不"变成了"是"。

一家企业的设计部员工秦越刚大学毕业，工作干劲大，上进心强，决心在设计方面做出一番成绩。但前一阵子，他的设计因为不太符合客户的需求而被否定了，从而失去了一个客户。秦越大受打击，情绪十分低落。

设计部主管了解到他的情况后，找到了秦越谈心。认真听完了秦

越的心事，主管说道："良马失蹄是偶然的，雄鹰伤翅是一时的。只要注意总结经验教训，良马、雄鹰一定能比其他同类更优秀。你的功底和实力早不必说，你有什么理由灰心丧气呢？工作任务还很多，为何不抓住机会用行动证明自己的能力呢？"

主管用"良马失蹄"和"雄鹰伤翅"来比喻秦越的才干及目前工作的不足，使他感受到了自己被器重的现实。寥寥数语就让秦越重新迸发出了热情。

每个人心里都渴望得到别人的"评价"。领导若要采用生硬说教的方法，非但不能打动人的感情，往往还会给人被训导的感觉，因为说教引发不了共鸣。细心揣摩和体察员工的心理需求，并用激励的话去鞭策对方，才能促使对方自发转变。

不少领导秉持着"良药苦口利于病，忠言逆耳利于行"的意识，总是根据下属的不足提出忠告。但良药苦口，总是让人难以接受，甚至会引起反感。因此，领导在给予别人忠告时，首先要对被忠告者诚心诚意地给予关怀，接着要注意说话的方式。不要把对方指责得一无是处，这样容易让对方产生"既然我已经被你说成这样了，那就干脆错到底"的想法，这样还不如不提忠告。

这种时候，领导不妨把忠告变成激励的话。比如下属办事鲁莽、爱冲动，领导可以这么说："你非常上进，工作努力，表现积极，唯一的不足就是处理问题的时候稍微有点草率。如果你思考问题再谨慎一些，就很有前途了。"用这种口气跟员工说话，对方就会备受鼓舞，很容易接受领导的建议。

领导有指导下属的义务，尤其是当下属犯了错误，或者遭遇了挫折时。不过，领导不应直截了当地说"你一开始就做错了"或者"你不该做这件事"，而要如同老师一样，对下属有深切的爱护之情。用激励话代替说教话、忠告话，既能够帮助下属进步，又能使领导赢得下属的拥戴。

【说话技巧】

领导要对下属敞开心扉。在批评和说服下属时，要把说教的话变成激励的话。这样可以起到感化下属，凝聚人心的作用。

5. 摆事实比讲大道理更具说服力

用事实来说话，是最具说服力的，比那种直截了当地说一番大道理有效得多。

2009 年，阿富汗大选被指作弊。领导人卡尔扎伊备受压力，西方国家都要求他接受选举舞弊的调查，或者与竞争对手组成联合政府，美国和法国的高级官员更是轮番来施压。但是，美国驻阿富汗大使卡尔·艾肯伯里和国务卿希拉里·克林顿的劝说都无效，卡尔扎伊并不妥协。

正当局势陷入僵持状态时，卡尔扎伊却由于和美国参议院外交委员会主席约翰·克里"无心插柳"的一次花园闲谈而"服软"。

当时，约翰·克里正在阿富汗考察战争局势，他和卡尔扎伊在阿富汗皇宫花园里边走边闲聊。卡尔扎伊对克里抱怨自己受到了不公平的待遇，认为若同意第二轮选举是对自己的侮辱，且这中间绝对存有阴谋。克里对此感同身受，他用自己 2004 年竞选失败的经历现身说法，说："2004 年总统竞选期间，我明知俄亥俄州计票过程可能存在舞弊，但没有公开提出质疑……其实每个国家的竞选都存在着极其艰难的角逐。"

听到这里，卡尔扎伊终于愿意对此事放开讨论空间，宣布同意第二轮选举。

摆出亲身经历，现身说法往往能说服别人。从心理学上讲，这是罗伯特·西奥迪尼在《说服的科学》中谈及的"相似性"在起作用。如果管理者能利用自己与他人的相似之处，与员工、主管和其他上司建立关系，这样一来，对方就会认为你说的是可信的，也愿意听从。比如，当你劝说一个有才干的年轻人不要虚度时光时，领导完全可以分享自己的人生经历，劝年轻人珍惜时光。

再比如，一位下属成天发牢骚，指责身为领导的你为什么让其他同事升迁，而不晋升他。此时，你就可以用事实来堵住他的嘴。你可以另外找一个办事可靠的人，然后把同样的任务分配给他们，完成之后，大家聚在一起看看结果便可分辨出孰好孰坏。你可以在看过结果后，告诉爱抱怨、爱指责的下属："别人能升迁是因为能力强，而不是靠什么私人关系。"

在工作中，我们和下属可能都掌握着如数据、资料等事实依据。但是，有些下属可能因为掌握片面的事实而与领导有了分歧。领导此时劝服对方，一定要给对方一个台阶下，可以这么说："是的，最初我也是这么想的。但是，后来我了解到全部原因，就知道自己可能想错了。"然后两个人再根据现有事实，协调出合适的应对方法以继续开展工作。

当然，一个人的人生经历是有限的，用来说服下属、客户可能不够。而且，有些时候，我们说服的对象过于固执，就算有翔实的资料对方可能也难以听从。此时，我们可以借用一些历史事实来引导交谈对象去思考，进而说服对方。

当年，罗斯福并不重视原子弹的研发，科学家们只好委托总统的私人顾问萨克斯去说服罗斯福。不过罗斯福一开始就说不准谈原子弹的问题。萨克斯沉默了一会儿，说："英法战争期间，拿破仑皇帝在海上屡战屡败。美国发明家富尔顿去见拿破仑，建议把法国战船的桅杆砍掉，撤去风帆，装上蒸汽机，把木板换成钢板。但是，拿破仑却认为船无帆就不能走，换成钢板就会沉，于是轰走了富尔顿。试想，如果当时拿破仑采纳了建议，那 19 世纪的历史必然要重写。"罗斯福沉默了几分钟后，说："你胜利了。"

这个故事非常鲜明地说明了摆历史事实的重要性。萨克斯没有说什么大道理，只是重述了历史。而这件历史小事中却包含了深刻的大道理，且更具说服力。想一想，领导者合理利用生活中的具有说服力的事例和经验，怎么会说服不了下属呢？

注意，领导在说服员工、客户时，道理越是"理性"强，就越要用事实佐证，否则被劝说者就会缺乏感情体验，难以理解、消化和吸收。

要知道，领导讲话，是发动下属、鼓舞下属的过程。所以，领导讲话要有号召力和感染力，使人振奋。也就是说，优秀的领导在公众场合讲话时，要一是一、二是二，坚决果断，这才有助于树立领导的威信。

【说话技巧】

为培养自己的口才，领导要对照本宣科、空洞说教、不懂装懂、刚愎自用、优柔寡断等五种错误引以为戒。

6. 以迂回暗示传递弦外之音

面对自尊心强、个性固执的拒绝者，直接说服往往会引发冲突。用迂回暗示的说话方式也许能产生"曲径通幽"的效果。

1940 年，处于第二次世界大战前线的英国已经没钱从美国购买军火了。一些美国人未看到唇亡齿寒的严重事态，便想放弃援英。罗斯福总统在招待会上并未指责这些人目光短浅，而是妙用比喻，以迂回暗示说服了众人。

罗斯福总统是这么说的："我的邻居住在四五百英尺外，家中失火了。我有一截浇花园的水龙带，要是借给邻居用，可以帮他灭火，以免火蔓延到我家里。这时，我怎么办？我总不能对邻居说：'这条管子我花了 15 元，你要照价付钱。'邻居刚好没有钱，那我该怎么办呢？我就不要他的钱，只要他承诺在灭火后还给我就好了。要是火灭了，水龙带还好好的，那他就原物奉还，并致谢。假如水龙带坏了，而他答应赔付，那我将来手里的还是一条可用的水龙带，那我也不吃亏。"

罗斯福总统这番浅显易懂的话，震惊了全球。由此而获得美国民众支持的《租借法》，对第二次世界大战的胜利起到了重要作用。

领导想说服别人，仅抱着真诚的态度是不够的，必须采用适当的方式，知道怎么委婉地表达你的想法。

下属工作出现失误或不足时，领导直接提出可能会伤害到下属的自尊心和工作积极性。这时候领导不妨用暗示的方式来点出问题，让下属自行去领会话语中的"弦外之声"。

王俊是方经理手下的员工，很有才气，工作成绩突出，唯一不足的是个性比较自我。团队接到一个项目，王俊只是根据自己的时间安排做工作计划，而对与其他人的合作毫不关心。需要同事合作时，他不管对方是否方便，强硬要求对方配合。久而久之，大家心中都颇为不快。

方经理了解到这些情况后，找王俊进行了一番沟通。他没有直接对小王的问题提出不满，而是给王俊讲了一件事。他说："我朋友的公司里，有位员工能力强，工作好，但就是太过自我，不在乎团队的存在，同事怨气大。后来，很多同事不再配合他，他的工作业绩一落千丈，做不下去了。"然后，方经理感慨道："本来很有前途的一个员工，就是因为不懂为他人着想，最终扼杀了自己前途美好的职业生涯，实在太可惜了。"

方经理整篇话虽然没提王俊，但是聪明的他已经从领导意味深长的话里听出了重点。事后，王俊果然改变了工作方法，并且懂得了在团队中配合其他同事来完成工作。

日常工作中，领导难免会遇到这些不便说或者不忍说的话，此时"遁词以隐意，谲譬以指事"，即说些与本来意思相关或相似的事情来暗示，就可以沟通顺利。尤其中国人很看重面子，所以，领导要善于用迂回暗示的方法，让下属积极接受意见和建议，并付诸行动。

一般来说，以下几种说话语境适合用暗示迂回说话法。

一、领导向下属传达不便直言的消息，应用暗示法。比如，下属提出晋升申请，但你知道希望不大，此时，领导可以这么说："你的条件基本符合晋升标准，但一切还是要由人力资源部做出决定，我听说今年名额有限，审查要求高。"

二、当部下们工作效率不高时，我们可以故意放出风声，暗示绩效考核成绩不佳者，将会遭遇淘汰的危机，从而激励下属更努力地去工作。

三、下属急于求成、不脚踏实地时，我们可以讲一些类似的故事或道理给下属听，暗示对方自我反省，重新找回出路。

但是，领导在使用暗示法时要因人而异。因为并非所有的人都能准确理解领导的真实用意。太过耿直、鲁莽的人，很难理解言外之意，而一些领悟力高、经验丰富的人往往能及时发现玄机。

电视剧《蜗居》第 34 集里，已然得知宋思明以权谋私的孙书记请宋思明到家做客。两个人都在官场多年，话里话外都有那么几分意思需要揣摩。话题谈到为官之道时，孙书记说："在这个位置上，你只有老老实实地做事，才能拿得稳这份安稳工资，出了个事，乱子不小，命丢了不少。某市直辖领导，因谎报瞒报而出面检讨的时候说的那句话我听了就很不是味道……不管你爬得再高，你都得回到地面上来……"其实，这些话都是孙书记在暗示宋思明回头是岸。

注意，迂回暗示是一种含蓄的表达方式，但并不是故作高深。我们的目的是让对方听出"言下之意"、"弦外之音"，以达到说服对方改变的目的。

【说话技巧】

对领导而言，含蓄是构建良好说话形象的法宝之一。以含蓄为准则，通过迂回暗示的方法去说服就能变拒绝为接受。

7. 下属诉苦，领导怎么说服安抚

在工作中，领导常要就有关工作做出人事安排。但是，领导常会遇到一些下属接受任务后，不是立即执行，而是频频找领导诉苦。这既耽误了工作进度，又给领导的管理工作添了麻烦。因此，领导一方面要迅速做出决定，一方面要根据具体情况，以不同的方式去说服对方接受之前的安排。

如果工作任务非常紧迫，而这一安排是公司或部门考虑了各方面因素之后做出的最佳任命，那么在公布工作安排时，领导就可以言明："这次的安排是考虑再三后才确定的，已照顾到大家的'特殊情况'，所以，希望大家同心同德、保质保量地完成工作。"

如果这样声明之后，还有下属来"诉苦"，那么领导为了保障政令畅通，可以从自己的领导权威出发，坚持自己的决定，并态度明确地告诉对方："这件事情已经决定，你先执行吧。有问题以后再调整，有什么不满等任务结束后再说。"这样，下属虽有诉苦的欲望，但一般仍会听从领导的指派，尽职尽责地工作。

可能有些领导在面对下属诉苦时，因过分维护自身权威而武断地做出决定，此时下属心里必然不服气，影响工作成效。所以，聆听员工的申诉，再加以区别对待是很重要的。

某政府部门的陈伦年轻有为，有上进心，深受领导赏识。为了培养陈伦，领导决定把陈伦列为下派干部，安排到艰苦的乡下工作。

陈伦内心很乐意，但现实中难以言说的苦衷又让他犹豫不决。原来，陈伦的父亲不久前摔了一跤，卧床不起，需要人照顾，而家中又只有年迈的母亲，陈伦实在放心不下。再加上，陈伦女友的母亲原本就看不中陈伦，要是陈伦到乡下工作，那这段感情也就算走到头了。

领导认真地倾听了陈伦的诉说，觉得的确情有可原。他说："这件事我之前不了解，现在才知道你有苦处。部门非常想培养你，你看这样行吗？不派你到那么远的地方去，到离这儿最近的镇上，这样你每天都能回家。怎么样？"

陈伦感激不已，坦言要努力工作，不辜负领导的期望。

领导若觉得下属确有"苦"，可以在不违背原则的条件下，适当地照顾员工的需求。这样，既能保证工作的完成，又能赢得下属的爱戴和感激。

若是领导在听完下属的诉苦后，为了消除对方的不安，可以对其讲明自己做出决定的根据，或者以承诺消除下属的顾虑，从而赢得下属的理解和认同，使下属有信心迎接新的挑战。

苏瑾即将从后勤部调到宣传办，这本是一件大好事。苏瑾对领导的推荐很感激，但是又为隐情而忧心。首先苏瑾对文字宣传工作不熟悉，担心辜负了领导的期望；其次，她之前和宣传部的部长有点怨隙，害怕以后受刁难，大家难以合作。

领导听完苏瑾的"诉苦"，对她说："小苏，我觉得你的文字功底还是不错的，只要努力，完全可以胜任宣传办的工作。而且，我还找了一个同事带你一个月。再说你和宣传办负责人的事，你放心，刘部长不是那种记仇的人，我已经都问过了，你多虑了。"

听完领导的一番话，苏瑾的担忧少了许多，表示会好好和新同事相处，做出亮丽的成绩。

身为领导，掌握下属的烦忧，消除下属的不安，不仅可以做通下属的工作，还可以帮助下属树立工作信心。

还有一些员工，表面上诉苦但实则是偷懒或贪图安逸，不愿去挑战新任务。此时，领导可以借用他人，尤其是其他同事克服困难、完成工作的事例宣传给"诉苦者"，以促使其在愧疚之后发奋努力。某销售公司的后勤周云被领导调到销售岗上，她对这种要来回奔波的工作很不喜欢，多次找领导诉苦。领导首先对她表示理解，但又说："王大姐离婚后，带着小女儿生活，挺艰难的，而且在工作上不怕苦、不畏难。要说她的苦可比谁都多，可她从来不提个人困难。"此言一出，周云颇感惭愧，当即表示要向王大姐学习，好好工作。

说服"诉苦"的员工，一般的领导常采用的方法是先想好几条理由，然后和对方辩论，或者就是以教训人的口吻要求对方该怎么做。这样做的结果是领导难以实现说服。根据上面我们提及的几种方法，领导说服"诉苦"的下属，要注意以下几点。

多倾听对方的想法

员工怀揣满腹"苦楚"，还未言说，领导就噼里啪啦地教训了一顿，只能让下属疏远领导。因此，与其自己说，倒不如先听对方说。在下属倾诉的过程中，领导可以缓解他的紧张感，使他对你产生亲切感，而领导也可以从倾听中了解对方的担心或需求。

通过交换信息让对方自主转变意愿

产生矛盾的一个原因就是听人讹传，或对事情有误解。此时，把信息告诉对方，对方了解了实情，才愿意被说服，并照着指示做。同时，在说服时，参照对方的意见，可以提高对方的自信，让说服更周密有力。

用高尚的动机、真挚的感情来说服

每个人都崇尚高尚的道德，在说服下属时，不妨说，你这样做会给单位带来怎样的好处，或者对他人有怎样的影响等，以启发对方担负重任。真挚的感情在说服时是必不可少的。若一个人担心自己受伤或利益受损，就有可能对领导的说服怀有戒备，听不进去。此时，态度诚挚、热情满怀能起到感动对方，使其改变想法的作用。

总之，领导在对单位有关工作做出安排时，往往无法事事、人人照顾周全。这时，如果有下属诉苦，你应根据工作和下属的情况，晓之以情、动之以理，确保工作顺利展开。

【说话技巧】

个别下属得知领导的安排后，一旦不满意，就会产生不满的情绪，执意向领导诉苦。这时，你可在倾听员工的"苦衷"后，陈明自己做决定的理由，从而使双方达成谅解和认同。

8. 办公室流言纷飞，领导如何定人心

如果有一天，你走进公司，本来正在热闹聊天的下属们忽然安静了起来，并用异样的眼光看你，而当你走进办公室，里面立马响起了窃窃私语声，你会怎么想？

若有一天，你发现午后大家都在议论某个下属，说他已经结婚了还跟某个女同事有暧昧关系。作为领导，你会如何对待此事？

毫无疑问，如果出现了上述情况，那就意味着办公室流言来了。身在职场，大部分人都对办公室流言畏惧不已，唯恐自己被办公室流言击倒，成为"异类"。一般来说，不自信的人，由于过分在意别人的评价，遭遇流言时往往会过分自责，心中不安，甚至精神萎靡。渴望升职的人，为了维护好的形象，会尽量杜绝绯闻的出现，若成为绯闻的主角，短时间内很难平静下来。成绩优秀的人难免惹上流言，因为大部分的平庸者就是用流言来打击和排挤优秀者的，而且屡试不爽。流言飞语的影响非常消极，如员工的生产力降低，挫伤锐气，同时也破坏了工作环境，使员工之间出现分歧。可以说，流言有时是办公室战争的导火索，虽起于无形，但暗潮汹涌，伤人无数。

关乎领导的"八卦"不仅影响领导自身的情绪，对整个办公室的工作氛围都有严重的影响。如果领导不能正确对待流言，说服对方或者让下属安心，那将会直接阻碍部门事务的完成。

周旭是一家公司的技术部员工。最近因为一个流言引发了该部门两位领导的明争暗斗，让周旭和其他同事深受其害。

周旭部门的经理半年后要退休，因此公司总经理就提拔了该部门的一个工程师做副经理，并跟着经理学管理。俗话说，一山不容二虎。同事们不知道该听谁的。

于是流言起来了，说经理可能继续留任，副经理不可能扶正。听到这话，副经理就告到总裁那里，以拉帮结派为名要求换掉经理的手下。经理也很懊恼，双方潜在的矛盾一下子演变成了台面上的争锋。下班时间了，但是两位领导互不做声，就在位子上较劲儿。这可苦了双方的手下，办公室氛围不对，但他们又不敢下班，只能干耗着，不知道两位领导幼稚的对抗哪一天才能结束。

领导因其手中的权力和地位，总是影响力比较大，在流言问题上更是如此。因此，身为领导，一定要正视流言，以正确的方式应对流言，安抚下属。

然而，当前很多领导在这一点上做得不够。大部分领导在遇到关乎自身八卦的时候，显得非常在意，反复解释，结果把事情越描越黑。一位女领导因工作原因与她的上司同进同出较多，结果办公室就传出了她与上司有暧昧的流言。女领导很要强，偶然听到流言，非常不能容忍。于是她就找到了传播消息的下属，警告对方不要乱说话。对方不吃威胁这套，结果双方闹僵。女领导故意和上司疏远，可流言还是愈演愈烈。女领导无奈调职，但是由于专业不符，与客户有了摩擦，这又让流言升了级。这下女领导不管见了谁都要先为自己辩解一番，求个清白。但事实是，事情越描越黑。这不是单一的事件，而是一部分领导应对流言的缩影。

办公室的流言八卦大多是捕风捉影，比如看到一对男女同事一同坐车，就认定他们有暧昧。很多的推论，都是在莫名其妙的状况下越传越烈的。因此，领导应对办公室流言首先要保持镇定。听到流言后，领导若暴跳如雷、大吵大闹，只会给下属一个遇事急躁、缺乏沉稳、恼羞成怒的坏印象。此时，保持微笑、冷静面对，寻找源头和解决之道才是关键。单枪匹马面对流言，难免会让自己陷入孤立无援的境地。如果你有实际证据，应该寻求支援，比如把证据摆给要好的上司或同事看，获取他们的信任，再通过他们宣传给其他人。需要指出的是，领导不仅要寻求上司的帮助，还要向下属求援，下属的意见有时候会起到力挽狂澜的效果。

当然，无风不起浪。当流言四起时看看自己是否在哪方面做得不公、不妥。如果真的做错了，那么不妨当面认错并改正，这可以获得谅解，给流言降温。

除了关于自身的八卦，办公室里关于某些下属的其他流言，也很容易引起办公室的不稳定。事实上，一个单位若经常充斥着莫名其妙的流言，往往是因为沟通渠道不畅通造成的。人们茶余饭后，总喜欢跟人分享不为人知的小道消息。结果，好奇心和无边的揣测就造就了办公室流言，而正当沟通渠道的堵塞则加速了流言的传播。

身为领导，你应该时刻注意办公室的舆论动向，若是意识到流言正在传播，就一定要迅速处理，以免流言扩散，让处在流言中心的员工个人声望与职业生涯遭到严重影响。好的办法就是打开正常的沟通渠道。比如，了解事情的经过，如不涉及隐私，在开部门例会时，由当事人讲情原委。对于散播谣言者，领导要私下谈话，查清其散播谣言的动机，查明是否存在误解，最好能让对方与当事人和解。此外，对于那些爱传八卦，特别是制造流言的员工，领导或单位应该制定明确的规章制度来处置。

【说话技巧】

办公室流言的杀伤力不可小觑，极有可能引发办公室的明争暗斗。领导应该冷静面对流言，打开正常的沟通渠道，有效控制流言，以免影响整个团队的风气。

第四章
巧言批评，化解矛盾不招怨

　　人非圣贤，孰能无过。下属在日常工作中，难免会出现某些不当或偏差。领导必须及时提出批评，来纠正错误，保证工作任务能顺利完成。要使批评达到目的，领导一定要讲究批评的艺术，避开批评的雷区，时刻记得批评下属时需要运用的说话技巧。

1. 领导批评应艺术，7 大雷区切莫入

批评的目的是改正错误，并鞭策他人更好地完成工作，本质上是一种反向激励。如果运用得不好，很容易刺激到下属的自尊心，伤害对方的积极性，使得下属情绪消极，甚至做出偏激抵抗的行为。所以，领导应该做到在恰当的时间、场合，恰当地把批评用在合适的对象身上。

领导要想掌握批评这门艺术，一定要避开以下 7 大雷区。

雷区 1：大发雷霆，恶语伤人

领导应该时时记住这句话——人人都有自尊心，即使犯了错误的人也一样。批评他人时，不要以为横眉怒视就能显示领导的权威，让对方屈服，这样做实则是伤害对方自尊心的做法。一个人生气时，往往最容易口不择言。下属虽然有错，但是，他在人格上与领导是完全平等的。领导借着怒气，随意贬低甚至侮辱对方，只会导致矛盾激化。

某钢铁公司的电工组在处理电器线路问题时，遭遇了技术难题，比原计划晚了一天才修好。领导非常生气，指着连续加班二十多小时的员工们大吼："你们都是干什么吃的？只知道拿钱，不知道干活。你们那是什么眼神？不服，想造反吗？不想干的话，都给我滚蛋。"

电机组的员工们本来工作辛苦，领导不了解事情真相，就批评一通，还说话这么难听，实在令他们非常寒心。

"你是干什么吃的？"言外之意是指对方"是一个白吃饭啥事儿也干不成的废人"。下属听到领导对自己作出如此评价时，自尊心必会受到极大的伤害。还有一些领导发脾气时，习惯说"干得了干，干不了走人！"这种盛气凌人、置人于死地的威胁，谁听了不心寒呢？今天的企业或组织都提倡人文关怀、科学管理，领导恶语伤人，是大大的失策，就算以后不"众叛亲离"，也必然导致领导与下属的距离越来越远。所以，领导最好不要在怒火正盛时批评员工，最好先坐下来消消气。等心情平静下来，根据事情的原委真相，做出适当、合理的批评。

雷区 2：乘人不备，突然发难

批评人，事先最好打个招呼。比如说："小王，下班后到我办公室一趟，咱们谈谈你最近的工作表现。"小王若最近工作不用心或犯了错误，他心里就会大致知道领导可能要批评自己了，这样他就有了一定的心理准备。当被领导批评时，他接受的可能性就较大。

有些人行为不当，可是本人并没有意识到出了问题。领导若是突然把他叫到办公室，劈头盖脸地训斥一通，对方会不知所措，还会置疑领导的批评。遇到这种情况，领导应该先在适当的时候提点一下，或者找与对方关系较好的人先去打个"预防针"，目的是让他自己先自行反省。然后，领导再正式批评，指出下属哪里有不足。

雷区 3：当面不说，背后乱说

人人都不喜欢背后被人议论。俗话说：当面批评是君子，背后议论是小人。当面批评可以使对方明白领导的态度和意见，便于双方交流思想、弄清问题。而且，领导和被批评者当面对某一个问题进行沟通，也是一种互相尊重的表现。换做是背后批评他人，下属一定会认为领导这样做是极不尊重的行为，当面不讲背后讲，一定是肚子里有鬼，这易造成双方完全不必要的误会。再说了，领导在背后批评他人的话，经过众人之口，特别是一些有心人士的口，一定会被"扭曲"得不成样子，甚至造成领导和下属关系敌对。所以，领导批评下属，最好当面说开，让下属在坦率的交谈中明白自身的不足，改正以往不当的做法。

雷区 4：吹毛求疵，挑剔过度

领导扮演的角色应该是导师，作用是指导和监督下属。但是，有些领导却把自己定位成喜欢找下属的不足、挑下属的毛病的人，然后批评一番。这好似在证明自己的高明，实则会让下属觉得"上司就是个对小事过分挑剔，大事却抓不住的人"，也就很难树立威信了。

领导批评员工应该适当。对于那些无关大局、鸡毛蒜皮的小事，领导切不可太斤斤计较，否则会让下属做任何事都太过谨小慎微，无所适从。只要不是原则性的、无关大局的小失误，领导都应该采取宽容的态度。事实上，领导的宽容有时候恰恰会让认识到自己错误的员工主动改正。

雷区 5：清算总账，以事论人

有些领导为了说服犯错者认识问题的严重性，或证明对方当前的行为是不当的，总是会把对方曾经做过的某些相关的事情都翻出来。众所周知，夫妻吵架总爱翻旧账，不仅争辩眼前的事情，还把过去的陈芝麻烂谷子都翻出来说道一番。而这也是促使很多对夫妻矛盾激化的元凶。同样的道理，领导若这样做，只能让下属觉得你早就对他不满意，还一直暗地里搜集他的"罪证"，这样只能强化对方的戒备心和对立意识。所以，领导在批评人时，要就事论事，切莫翻旧账。

另外，有些领导习惯性地会"以事论人"，从一件事就推论下属整个人，如"你真是无可救药了"、"我算是看透你了"、"你还有什么前途"等，把对方说得一无是处。领导的这种全盘否定在与下属交流中是最不可取的。

雷区 6：口舌不严，随意传播

受到领导批评，一般是一件不太光彩的事情，下属并不想让第三人知道。若是下属前脚刚走，领导后脚就把这件事说给了别人，或者不久后把这事情当做例子告诉了另一个人，弄得人人皆知，那必然让当事人很反感，甚至有敌视情绪。私下批评完之后，领导应该把此事像日历一样翻过去，再不提起。

雷区 7：无休无止，反复批评

有些领导把批评下属当做了例行公事，企图以多次、长期的批评来"包治百病"。这是不科学的。一个人受到批评本身就不太自在，若是再被领导反复批评，心里会觉得领导老跟自己过不去。此时，领导每多一次批评，下属心里就多一份反感。

批评之所以有效，不是靠量多取胜的，而是靠认真的沟通。少说就能解决时，不必多说；一次批评就奏效时，不必再提；点到为止就行的，不必非要说破。

总之，对于一名领导来说，树立一个有口皆碑的职场形象，建立一个与下属相互信任的职场关系是至关重要的。领导需要殚精竭虑、谨小慎微地说话和做事。人们常说"良言一句暖三冬，恶语伤人六月寒"，领导在批评他人时，要掌握艺术的方式，规避 7 大雷区。

【说话技巧】

龙有逆鳞，人有自尊。领导批评下属时，切勿说出让下属心寒的话，否则势必会让下属反感抵触，降低领导在下属心中的威信。

2. 领导不要以"审判者"自居

现实中，某些领导爱当"审判者"，如同法官一样对下属的失误审理和宣判。

领导批评下属应该站在平等的基础上，在相对和谐的氛围中进行。如果领导摆出的是这样一副盛气凌人、一切我说了算的嘴脸，很容易激起下属的抵触情绪。有些下属会不服："你说的就一定对吗?"或者"悉听尊便，随便怎么样，我不在乎。"毫无疑问，这是无效的批评。

　　肖伦一手创办了一家杂志社并担任主编。因此，在与下属沟通的环节中，他常常显露出"帝王式"的说话风格。

　　一次，肖伦打电话给编辑部主任冯涛，说："小冯，你来我办公室一趟。"说完，电话"啪"一声挂断了。冯涛一看这架势，不由心惊，硬着头皮走进了主编室。

　　冯涛刚进主编室，就迎来了一顿狂轰滥炸："月末版的发行量你看了吗？怎么那么差？我给你开这么高的工资，是让你在这里吃闲饭的吗？你的工作对得起这份工资吗？你自己瞧瞧，你们编的都是什么破稿子……"

　　冯涛一直在为月末版杂志努力，做调查、搞评刊，致力于提高杂志发行量，然而主编却不问原因，就把责任全推到稿子质量上，这让冯涛很不满。但是，为了工作，冯涛还是忍着委屈，想要和主编正面沟通一下月末版的准确定位问题。他说："主编，我……"谁知，肖伦却不耐烦地挥挥手，厉声说："别找借口了，回去好好反省吧。我再给你一次机会，要是下月发行量还不能提高，你就等着扣年终奖吧。"

　　冯涛又生气又无奈，只能愤愤地回到自己的办公室。

　　案例中，杂志社主编就如一个"大家长"，以一种强硬的作风，对下属批评指责，说出来的话让下属心寒，这是非常不可取的。因为，这些训斥不仅损伤了被批评者的自尊心，甚至是人格的侮辱，而且根本不能真正地解决问题。另外，一个领导批评语言用得是否恰当，还关系着一个领导的心胸和修养问题，因此恶言相向要不得。

领导要牢记一点，批评的目的是解决问题，改正错误，而不是"搞臭"下属。高素质的领导不必标榜自己的独裁者形象，应心平气和地谈论问题，以关爱下属的真诚感情走进下属的内心，了解下属的想法，使用恰当的语言或方式进行批评指导。

玫琳·凯女士，是玫琳·凯化妆品公司的总裁。在一次业务峰会上，她发现一位美容顾问的妆容衣着与其职业身份很不相符。她非常生气，本想走过去训斥对方，不过她转瞬一想：我严词训斥她，她会接受吗？如果她认为我在挑刺，那必然会破坏我们的关系。有没有更为妥帖的方法呢？

想到这里，玫琳·凯女士就委托秘书去打听那位美容顾问的事情，得知对方是一名刚入职的新成员。于是，她便想：如果我不直接批评，而是通过其他方式旁敲侧击，那就既能让对方明白自身的不足，又能不影响公司的整体形象。因此，玫琳·凯女士在业务会议将结束时，即兴做了一场名为"美容顾问的仪容和着装"的三分钟演讲，善意提醒参会者注意自己的职业风范。

第二天，玫琳·凯女士发现，之前那位新入行的美容顾问衣着整洁、妆容得体，不失职业风范。于是，她对那位下属微笑着点了点头，对方则感激地深鞠了一躬。

在这里，玫琳·凯女士没有把自己当成一个"审判者"，而是时刻以朋友的身份，站在平等的立场上，希望能促使对方认识到自己某方面的失准。正是得益于这个出发点，玫琳·凯女士通过旁敲侧击的方式，在维护了对方的自尊心的前提下促使对方提升了自我。

身为领导，如果你只做到了"责之切"而下属无改变，那接下来就要通过释放关怀来让下属感受你的"爱之深"，进而让下属主动改正。任何人在遭受斥责后，都必然垂头丧气，信心受损。此时，领导应适时地利用一两句温馨的话语来鼓励对方，或者在事后给对方友好的表现。一次，松下幸之助先生严词批评了下属，担心下属过分受挫，就打电话给下属的夫人，说："您的先生今天心情可能不太好，麻烦您好好安慰和开导。"下属回到家，知道了上司这么关心自己，主动改变了之前的态度并积极工作。一般来说，如果下属是比较在意评价、爱惜面子的人，领导在批评后，要做好善后工作，如好言相劝，并在以后找机会以表扬、激励等方式予以弥补。

此外，还有一些领导像法官一样，总爱把"罪证"搜集齐了一起"审判"，甚至旧案新案一起审。这种"新账旧账一起算"式的批评不可取，领导应该就事论事。

下属蒋明犯了错，领导友好地问："小蒋，根据以往的经验，我知道你应该不会犯这种错误，是不是有什么原因使你没有做好这次工作呢？"领导这样问，下属立刻会意识到领导这不是在批评我这个人，而是在批评我做错的这件事，下属的抵触情绪就减弱了。再者说，领导这么说，在指出他人错误的同时实际上也夸奖了下属，下属心里会这么想：在领导心里，我还是不错的，只是这次没有做好，领导还是信任我的。这时下属心中涌起的不辜负领导的信任和期望的这种心理，本身就是一种改正错误的激励。

【说话技巧】

批评的目的是弄清问题，改正错误，而不是贬低侮辱下属。因此，领导不要以"审判者"自居，强制要求对方一定要按照你的要求去做。这种盛气凌人的批评方式往往造成无效批评。

3. 批评他人看场合，当众批评要不得

所谓场合，是指时间、地点，是领导批评下属的必要条件。一个讲究语言艺术的领导，总是知道在什么场合说什么话，随机应变，从而能创造出一个批评教导下属的好时机。

然而，现实中有些领导却在批评时不分场合，比如把只能找本人谈的问题拿到大会上讲。这种鲁莽的批评方式只会让对方感到伤了尊严，无脸见人，令问题变得更加复杂。

某企业进行产品质量检查，发现企业产品存在一些问题。质检经理当着上级领导的面，对着车间主任咆哮："看看你让下属做的什么产品？你这个车间主任是干什么吃的，这等劣质产品怎么能出现在我们的流水线上呢？如果再这么干，你就别想再干下去了！"

车间主任个性强，当着上级和下属的面挨了训，他非常难堪。一气之下，他干脆破罐子破摔，说道："我没你行。你来干，我走人！"

一些领导喜欢在众人面前斥责员工，是为了把责任转给下属，好让上级或同事知道这不是自己的错。这种做法很幼稚，更不可取。我们身为领导，有管理权力，同时对单位或企业的人与事负有毫无推诿的责任。如果通过斥责下属推卸责任，会给其他人留下自私狭隘的印象。

其次，被批评者当着众人的面挨了训，直接影响了他在其他人心中的地位。更严重的是，对方的自尊心受到了损伤，认为你是故意要出他的丑，使他难堪，这极有可能引起逆反心理，导致怠工、舞弊等恶性事件。一位中层领导曾在网上发帖，反问自己的总裁："您为何要当着全国分公司领导的面批评总公司的部门领导？我非常不认同。总部的部门领导好歹是一个部门的主管，当着那么多下属的面批评他们的直接上司，您认为合适吗？"再者说，如果被斥责者是中层领导，那这种批评也会让在场的每一个员工感到不安。他们也许会觉得：'是不是领导下一个要骂的就是我呢？'这直接损害了整个部门的工作效率。"

所以说，作为一名领导，我们切不可在公开场合批评下属，更不能当着对方上级或下属的面批评中层领导。若确实出现了问题，需要批评，领导应该先了解情况，再和对方私下讨论。

古时有位侠客，他的属下有千人，均对其忠心耿耿。

一次，朋友问他："为什么有那么多弟子仰慕你、跟随你？你有什么秘诀呢？"侠客回答说："秘诀是，当要责备某一位犯错误的弟子时，我一定请他到我的房间里，在没有旁人的场合才提醒他，就是这样。"

当领导的，首先要不把员工的"丑"外扬才好。美国玫琳·凯化妆品公司的董事长玫琳·凯女士就坚持这一点，她认为一个管理人员在第三者面前责备某个员工的行为，是绝对不可以原谅的，因为这不仅打击士气，更显示出领导的冷漠。因此，玫琳·凯女士总是单独与下属面谈。而且，因为她认为办公桌代表权威，给人的感觉居高临下，不利于交流和沟通，所以它总是邀请对方在沙发上就座，创造轻松的环境以方便讨论沟通。

延伸一下，领导也不应该当着下属所熟悉的人的面批评对方，这么做会增加对方的心理负担。比如，你当着下属的亲属或友人的面批评下属，不管你说的是否在理，都会让下属感觉大大丢了面子，甚至认为你是故意的。很多争吵都是由批评时的不分场合引起的。

一些坚持当众批评员工的领导，可能坚持这样一种观点：一个人犯的错，其他人也可能犯，因此当众把这个错误指出来，可以引起大家的注意或反思，起到整体改正某个不当行为的作用。此时，领导一定要注意批评的分寸，做到适可而止，把握好一个度，不要把教育性质的批评变成"批评大会"。领导在言辞间要传达出这样一种意思——我不是在针对你一个人，而是希望全体员工都规避失误。

自古以来，受人景仰、广受推崇的管理者和领导都是礼贤下士、谦恭有礼、尊重部下的智者。而他们的聪明之处就在于知道根据不同的场合调整批评的方式，尤其是尽量不要在公开的场合批评下属。领导若是希望成为备受推崇的上司，这点值得学习。

【说话技巧】

一般来说，在公开场合批评下属的行为，绝对不是高明之举。喜欢将"家丑外扬"，反而会暴露你的领导力不足。在小范围里进行的私下批评，往往会创造亲近融洽的氛围，有助于达到批评的目的。

4. 善意的批评，让对方心服口服

有些领导可能存在这样一种职业意识——身为管理者，我的工作就是挑下属的错，然后纠正他们。因此，一些领导往往使用言辞激励的批评。但这种"好指责"并不是真正地帮助下属改正错误，反而是伤害了别人，也损害了自己。退一步说，就算批评者出于好意，倘若批评的方式不正确，也可能让对方觉得是恶意的攻击，因此非常抵触。

李晨是一家广告公司的员工，最近因照顾生病的父亲，上班比较赶，经常迟到。汪经理是个爱抓住别人小辫子不放的领导。一天，汪经理就当着全体员工的面，责问道："你到底是打算怎么样？公司并不是你一个人的，你想干嘛就干嘛？你好好反省一下自己这种无视公司规定的行为到底对不对？"

李晨原本对自己迟到的事情非常惭愧，时刻受到自己自尊心的谴责。但是，领导这种不体谅的指责、恶毒的言语，深深刺伤了李晨的心。

能体会到"打是亲，骂是爱"的人毕竟在少数，能做到"闻过则喜"的人几乎没有。所以，领导要改变粗暴的批评方式，用友善的语言说出自己的劝解之词，这比任何批评都来得有效。

采用善意的批评，领导可以用朋友的口吻，私下问对方："发生了什么事情？""我能为你做什么？"这有助于领导先了解实际情况，以便应对问题。之后，领导可以根据问题表达自己的批评劝解。不过不要说"你这样做根本不对！""这样做绝对不行！""你怎么这么笨，会犯这样的错误！"你可以说："我希望你能仔细分析数据之后再做出决定。"

在这里，领导以商讨问题的态度，用关心提醒的口吻，平心静气地分析下属的不足，委婉地表达自己的意见。因此，被批评者的对抗动机相对减弱，他们感到领导的批评意见是充满诚意的，从而能够虚心地予以接受。

要让自己的批评传达出善意，领导还要"言之以情"。只有情深，才能意切，才能感化人。批评时，用一分的教育加上九分的感情，这才是高超的批评。

陈霖是某企业的职工，曾三次因赌博被抓，但仍沉迷赌博。第四次陈霖被抓后，保卫科的徐科长和他进行了一番谈话。

徐科长说："派出所了解到你曾因赌博赢了一台电视机，决定没收。我们到你家的时候，你的孩子正在看电视。一听我们的来意，他眼泪汪汪的，求我们说'别把电视机拿走'。我心里不忍，就骗他说电视机有点坏了，我搬去修。临出门时，你孩子又追出来，问我'星期六能不能修好？我想看动画片……'我当时听了，心里难过极了。正好我家还有一台闲置的电视，你待会搬回去给孩子看吧。

哎，谁的心也不是铁石心肠。小陈，你也是为人父母的，千万别再做让孩子伤心的事情了。"

陈霖听完这话，抱着头痛哭起来。他下定决心，一定要改了赌博的恶习。一年后，陈霖通过努力，终于成为企业的模范工人。

人们常说"有理走遍天下"，事实上批评仅仅有理，也未必能让天下人服从。研究发现，批评的效果在一定程度上受人的感情制约，因此有时要先沟通感情才好。领导不妨用"我想你心中也必然是这样想的"这样的话来做开场白。这种感情同步有助于对方接受批评。

除了上述两点外，领导在传达友善批评时要特别注意以下内容。

一、就事论事。当批评的言辞由事情推及到人身的时候，很容易变成指责，易让受批评者觉得受到了恶劣的侵犯。领导要就事而论，不要转移到批判个人上。下属工作出了问题，就说工作。而且，批评完之后，领导待下属还应该如一，让对方觉得"领导还是尊重、信任我的"。

二、建议，而不是批评。对于一些自尊心非常强的人，无论你的批评多么就事论事，对方也会认为你是在对他进行人身攻击。此时，你可以建议一种"改变"。建议是正面的，一般被认为是有助于提高和改善的一种手段，大多数情况下能被人接受。所以，领导可以真诚地用"如果能……的话我会喜欢"或"我觉得如果你能……的话，一定能做得很棒"这样的话来建议对方。注意，如"你的版面太混乱了，根本没办法看"这种批评太泛泛，难以让人接受。提建议时要具体，如"我们把养生这一板块排在下部，是不是看起来更美观一些呢？"。

领导的批评大多出于好意，但若说话方式不对，可能被认为是恶意的人身攻击。所以，在说批评的话语之前，领导可以问问自己："我愿意别人这样说我吗？"如果不愿意，那就想办法把自己的批评表达得更善意些。

【说话技巧】

如果批评很苛刻，通常结果也会很糟糕。若要友善地传达你的批评，牢记一点很重要——无论何时，领导都不要使用攻击、侮辱或刻薄的语言。

5. 欲抑先扬，批评之前先铺垫

三国时，曹操本计划镇抚关中，后回师洛阳。可关中豪强许攸拒降，还谩骂曹操。曹操恼怒，下令征讨许攸，并横刀膝上，拒听幕僚的谏言。

此时，杜袭上前，问道："主公，您看许攸是个什么样的人？"曹操生气地说："不过是个匹夫。"杜袭称是，说"只有贤者才能理解贤者，圣人才能理解圣人。许攸那样的匹夫怎么能了解您的为人呢？您犯不着跟他生气，如今吴蜀豺狼当道，您先打狐狸，这样的行军算不上勇敢，也不仁义……现在小小的许攸，哪里值得您大动干戈？杀鸡焉用牛刀？"曹操听后，觉得句句在理，便接受了批评劝告，以优厚的条件招抚了许攸。

这段故事虽然说得是臣下批评主上，但却彰显了一个道理——直言批评难被人接受。因此，与其直言贬抑，不如先夸赞表扬，这样的批评往往能达到一定的效果。

人在本能上对批评都有一种抵触情绪，喜欢为自己的行为辩解。从心理学上看，这是认知不协调的一种表现，即在认识上，人们确信自己不可能不犯错，但在行为上，却试图为每一次过失找理由。只有从心理上解决这种认知不协调，对方才能接受批评，而可行的方法就是批评者替被批评者辩护，或者创造一种和谐的氛围让对方无法辩解。而欲抑先扬批评法的优点正在于由批评者讲出对方的长处，作用是替对方辩护，从而减少了受批评者因被指责而引起的不满情绪。

1896 年，威廉·麦金利正准备竞选总统。一位著名的共和党员为他写了一篇演讲词，并喜滋滋地念给麦金利听。这篇演讲词优点不少，只是不符合麦金利的需求，其中的一些观点可能会引起民众的批评。但是，麦金利不愿意伤害这位共和党员的心意，更不愿打击对方的热情。

如何解决这个难题呢？麦金利说："朋友，你这篇演讲稿写得真不错。没有人能比这写得更好了。我相信，在许多场合，这会是一篇动人的演讲。只是，我担心，它不太适合现在的情况，保守、稳定的内容无疑是好的，而我也必须考虑到党的立场。现在，我写一些要点给你，请你回去再结合着要点重新修改一下，好吗？"

那个共和党员并没有恼怒，而是接受了批评，重写了讲词。

硬碰硬的批评没有什么好处，说的人生气，听的人上火，最后伤了和气，实在划不来。若是如麦金利一样，在批评前先表扬对方，以表扬来营造愉悦的氛围，再让对方接受批评，至少不是那么打击人。这一点，美国的另一位总统柯立芝深有感触。他在批评自己的漂亮秘书时，这么说："今天，你穿的这身衣服真漂亮，正适合你这样年轻漂亮的小姐。你也不要骄傲，我相信，你的公文也能处理得和你的人一样漂亮。"秘书受宠若惊之余，积极改正了不当。朋友问柯立芝是怎么想出这个办法的，他说："很简单，理发师在给客人修面的时候，他总是先给人涂肥皂水，为了刮起来不痛。"其实，批评中赞美的作用就如肥皂水一样。

再进一步来说，是不是先赞美后批评就够了呢？确实，人们会因为赞扬而觉得批评不那么刺耳。但之后你若非常透彻地分析对方的错误，赞扬的作用可能会冲淡减弱，同时由于近因效应，批评指责的意味又显得重了，这样被批评者很可能有一种被戏弄的感觉。美国著名企业家玫琳·凯在《谈人的管理》一书中说："不管你要批评的是什么，都必须找到对方的长处来赞美，批评前和批评后都要这么做。这就是我所谓的'三明治策略'，即夹在大赞美中的小批评。""批评前和批评后都要赞美"，这就是解决办法。观察一下我们身边人缘好的领导，你会发现，他们都比较喜欢"三明治"式的批评方法。

一家报社的编辑王凤写稿言辞过于尖锐，领导找其谈话。

主任说："小王，你这篇采访总结写得不错，思路清晰，有几点写得很精彩，看来你下了一番大工夫啊。我自己看了一遍，是不是把这几处改一下，这种说法不太妥当，言辞过于犀利，会刺伤别人的积极性。其他都很好。你这个小伙子文笔好，人又聪明，希望你再接再厉，好好干。"

王凤听后，觉得领导对自己充满了期望，不足的地方点得清楚，符合情理。因此，他愿意尽最大的努力改正不妥当的地方。

如果批评是简短的，几句就可以结束，只需要用先夸后批的方式。如果要分析问题，谈话时间比较长，那么就应该用"三明治"式的批评。甚至，在"赞美——批评——赞美"的大框架中，再套入一些小的"三段论"，时时谈起别人的优点，这样效果更好。当然，要做到这些，批评前要做好充足的准备。

运用先抑后扬规律批评时，有一点需要注意：人们在听到"但是"这两个字后，很可能会怀疑之前的赞美之词是居心不良的。如此，赞美的真实性和作用就大打了折扣。圆润的措辞可以起到修补作用。比如，批评下属偷懒、不努力，领导可以说："你人聪明、悟性高，要是更努力一些，我相信你会取得更大的成绩。"

一些领导在对某个事情恼火时，必将当事人臭骂一顿，以让对方知道自己对他的行为是怎样的想法。这种绝不手软的批评方式根本达不到批评的目的。正如著名教育家陈鹤琴所说："无论什么人，受激励而改过，是很容易的，受责骂而改过，比较之是不大容易的。"因此，领导在批评前先表扬，不失为一种良策。

【说话技巧】

所谓"三明治"式的批评，是指批评前，先设法表扬对方一番，批评后，再设法表扬一番，力争用一种友好的气氛结束谈话。这是一种建设性的批评。

6. 迂回战术胜过直接批评

《孙子·军事篇》云：先知迂直之计者胜。两点之间虽直线最短，最易到达，但放在管理上，太过直接的方式有时恰恰起到的是反作用。因为在与人沟通，尤其是批评时，我们常会遇到乱石林立的情况，此时走曲线，迂回前进，才是达到目的的最佳途径。

一般来说，迂回的批评主要有以下几种方式。

巧妙暗示

众所周知，大多数人都是爱面子的，所以有效的批评应该点到为止，不能太露骨。暗示批评法正是如此。所谓暗示批评，是指领导用语言、神态、人格等暗示手段进行批评，领导含蓄深刻的语言使受批评者在思考中醒悟。也就是说，只要略微暗示，听者便会心领神会，下次就不会再犯了。一位监工巡视工地，看到几个工人正站在"禁止吸烟"的宣传牌下吸烟。他很生气，想指着牌子责问："你们都不认识字吗？"但是，他想这起不了什么作用。于是，他走过去，给每个工人发了一根烟，说："各位，如果你们能到外面去抽烟，那我真是感激不尽。"这种巧妙的暗示是善意的，给人保留了面子，又暗示出了对方需要改进的地方，容易让人觉得你不是在批评，而是在建议和引导。

单位宿舍楼里，新来的几位年轻人不注意保持安静，楼下的老同志晚上没法安心休息。于是，几位老同事把此事反映给了领导，希望领导批评一下年轻人。

下班后这位领导和几位年轻人闲谈，主动讲了一个笑话："有个老人神经衰弱，稍有动静就难以入睡。偏偏楼上住着一位上晚班的年轻人。小伙子每天晚归到家，就双脚一甩，把鞋子砸在地板上。多次被惊醒的老年人向年轻人提出了抗议。第二天，小伙子回到家，习惯性地一甩，甩掉了一只鞋，他突然想起了老人的话，脱下另一只鞋轻轻放在地上。第二天早上，老人顶着黑眼圈拍门，埋怨道：'我等你甩第二只鞋子等了一夜。'"

笑话说完了，几位年轻人在大笑后悟出了笑话暗示的事情，以后就注意多了。

对于那些本身有自知之明的人，知道自己的错处所在，这种暗示不会使被批评者难堪，可以达到说服批评的目的。同时，不知情的下属或听众也可以从中得到警示或受到教育。但是，对于那些没有自觉性，一而再再而三犯错误的人，暗示批评的效果就不太明显了。领导应该有针对性地使用暗示法。

善用对比

俗话说得好，有比较才有差别。对比可以让双方的区别更加突出。在批评他人时，领导若善于对不同对象进行比较，在比较中说明问题的关键，那就算不直接说"不好"、"不对"，受批评者也能认识到自己的不足，从而做出改正。

某排球队刚刚换了新队员，调整了队伍。但是，在训练中，老队员与新队员就是没法进行战术配合，不是传球高了，就是老队员跑快了。

眼看今天的训练快结束了，但毫无训练成果，一位老队员显得不耐烦，捡球时拿起球就狠踢了一下。这让与他配合的新二传手压力更大了，接下来怎么传都不到位。其他老队员和新队员的互动也都是这种情况。

见此，教练就吹哨让大家集合，温和地对老队员们说："老队员们，大家好好想一想，当年的老队员是怎么带你们的。再想想，现在你们是怎么带这些新队员的。"老队员们都沉默了，很快清醒过来，调整了自己的态度，在接下来的训练中积极引导和配合新队员。新队员见教练批评老队员，压力稍减，继续练球时就越来越顺手。

教练充分认识到了问题所在，但是为了不伤害大家的训练积极性，因而没有正面批评有资历的老队员，而是温和委婉地对其进行了启发。两相对比，老队员自然就知道自己的不足了。

注意，对比批评法是领导针对下属的错误和缺点，借助他人已经发生过的，且下属知晓的经验教训来对比衬托，以使下属改正。在这个过程中，由于良好的行为和不良的行为对比会产生压力，一旦用不好，就会让对方有逆反心理。所以，领导不能每次都在被批评者面前表扬"某个人"如何如何好，如果"某个人"是对方的同事，还可能引发同事关系紧张。确定合适的对比对象或参考标准，需要仔细斟酌，此外，领导应尽量做到在话语上委婉迂回。

先自我批评，再批评下属

有些领导经常用手指指着下属报怨，好像糟糕的结果都是下属一手造成的。领导若以"有功都是自己的，有过全都是下属的"的原则行事，那领导的批评必然不能令下属信服。

有句话说得好："问题出在前三排，根子还在主席台"。再者，根据二八定律，企业所产生的错误，80%是因为决策或者领导方法不对造成的。就算下属犯错完全是他自己的原因，但你作为领导还是犯了识人不清，用人不当的错误。所以，领导在批评下属之前要思考自己一下，这个错误多少是自己造成的，多少是下属造成的。

具体批评时，领导要先自我批评，检讨自己的失当，再批评下属。比如说，业务员张琳没有完成销售任务，身为领导你要批评她没有用心。此时，你可以这么说："这个季度，我对你的关心不够，沟通也少，没有及时帮你解决业务上的疑问，是不是因为这样导致你的销售额没有达标？小张，你说说你的难处，咱们一起商讨一下怎么完成销售额。"
这样下属就不会觉得领导的批评是攻击，反而对此感激，从而工作更
努力。

　　无论是巧妙暗示、善用对比，还是先从自我批评开始，上述的三
种迂回战术都能够帮助领导进行有效的批评。领导应该借鉴学习，并
在日常管理工作中实践锻炼。

【说话技巧】

　　**要批评一个人而不伤感情，也不招怨恨，请参照此准则——简洁
地提醒他人注意他自己的错误。暗示、对比等批评方法运用了迂回战
术，能起到批评的作用，还能显示领导的说话水平和魅力。**

7. 把批评隐藏在幽默背后

　　一些领导固执地认为批评离不开严肃的态度和苛刻的语言。事实
上，在某些场合，这样的批评收不到最佳的效果。有时，说一些诙谐
的语言，把批评藏在幽默背后，反倒能让下属在幽默后沉思，并最终
接受批评。

　　相对于直言批评，幽默批评法可以造成一种平等、和谐、愉快的
气氛。这样就有效地消除了被批评者的对抗和沮丧心理，促使他们自
觉、愉快地接受批评意见。

某企业年轻人比较多，但这些年轻人却不像早晨八九点钟的太阳，个个工作不热情、干劲都不高，纪律松散。原来的领导没少教育，点名批评都不起效，无奈之下只能听之任之。

不久后，新领导周厂长到任，了解到这一情况后，他召开了一次职工大会。会上，周厂长在讲述企业年轻人现状时，仿写了孟浩然的《春晓》，说："春眠不觉晓，上班想睡觉。夜来麻将声，进出知多少！"周厂长认为，这种工作态度要是再这么下去，后果定然是"白日依窗尽，工作泡汤流，饭碗端不住，老婆也发愁"。领导这话讲得巧妙，年轻人听后发出一阵阵笑声。但是，会后他们又不免反思，工作再这样疲沓下去可真的不行了。

领导的批评说在明处，本来可能会引起大家的反感。但是由于运用了诙谐的语言，非常幽默，却又给被批评者创造了一个友好和谐的氛围。最终，下属在惭愧之余，有了改进的动力，同时也对领导有了更多的尊敬。

老舍先生曾说："幽默者的心是热的。"意思是说，幽默是从爱出发的，用幽默去批评，表达出来的是善意。这恰恰符合了受训者的心理需求。每个人都渴望得到他人的肯定，即便出现某种错误，人们也希望得到理解和同情，而不愿得到批评。此时，领导若能以褒代贬，对方就会自觉理亏，从而自发改正。

第二次世界大战胜利前夕，一场主攻战役即将打响。美国将领艾森豪威尔在莱茵河畔散步，遇到了一个神情沮丧的士兵。

士兵见到将军，紧张无措，不知道说什么好。艾森豪威尔微笑着走上前问："大兵，你感觉怎么样？"士兵说："将军，我非常非常紧张。"

艾森豪威尔将军没有生气，而是说："那我们可是一对了，我也同样如此，所以也出来散步。"士兵放松下来，同时明白了将军的意图。

艾森豪威尔将军并没有直接批评这个士兵，他知道大战前夕士兵紧张是很正常的事。相反，他幽默地转换角度，说自己也同样紧张，这就风趣地给对方设置了一个台阶下，瞬间消除了尴尬。这种以褒代贬，通过表面上的肯定来达到实际上的否定的批评，比一般的训斥、责骂更能起到作用。

领导在采用幽默批评法时，要做到以下几点。

一、幽默不是讽刺。幽默批评的出发点是爱，是善意的。而讽刺批评却带有一定程度的嘲弄，会让对方感觉你在攻击他的弱点或短处，产生很不好的影响。每个人都有自尊心，若领导把幽默当成了讽刺，那就会使对方积怨于心。因此，我们要做好区分，拿捏幽默要有分寸，否则把幽默变成了讽刺，得罪了下属，那就实在不可取了。

二、在批评陷入胶着状态时，恰当的幽默可以让气氛变得轻松一些。这样委婉的批评不会让下属难堪。但是，在运用幽默批评之前，最好看看对方的个性，如果是对悟性较差或顽固不化的人，幽默有时起不了太大作用。

三、上司想在批评下属时发挥点幽默，并不太难，运用一些有趣的双关语、一个暗示性的动作、一个形象的比喻等都能起到既点出对方的错误，又不失风趣的效果。如果领导自认为不是一个幽默的人，从现在开始培养幽默亦不晚。一个再呆板的人，也可以通过自己的努力逐渐变得幽默起来。美国前总统里根本不是个幽默的人，为了变得幽默，他每天背诵一篇幽默故事。注意，这是积累的过程，并不是领导要生搬硬套别人的幽默。领导应该根据当时的情况，发掘自身幽默的话题，不断提升自身幽默的谈吐。事实上，熟练运用幽默批评法，本身就要求领导必须具有较高的思想、政治、心理和科学文化素质。

简言之，批评是一件严肃的事情，但这并不是说不应该让被批评者发出欢快的笑声。如果能够幽默轻松地让员工认识到自身的不足，就既有助于改正错误，又能使上司和下属的关系和谐融洽。作为一个睿智的领导，何乐而不为呢？

【说话技巧】

如何让批评"动听"起来？幽默是一剂良药。幽默的批评如一股涓涓的溪水，是善意、温暖的建议。被批评者能在轻松、活泼、愉快的笑声中接受批评教育，认识到自己的缺点和错误，可谓是开展批评的有效方法。

8. 领导批评下属的三原则

身为领导，我们既要适时肯定和赞扬下属的成绩，促使其进步，也要适当批评下属的不当言行，致其改正。但是，在批评的过程，领导要想做到既达到批评的效果，又不招致怨恨，让对方心服口服，必须坚持一些原则，否则就会适得其反。

惟实惟事原则

批评的前提之一是事实清楚、责任分明、有理有据。但不幸的是，在现实中，常有些爱指责下属的领导事先不调查，只凭一些数字，或者道听途说，或者其他下属的"小报告"就信以为真，胡乱批评人。结果，受批评者深感冤枉，对领导有了抵触情绪，甚至可能离职。

经理叫业务员韩涛到办公室。还没等韩涛坐下，经理就指着一叠厚厚的报表，说："韩涛，你这个月的销售成绩怎么那么差？你看看人家方恒，刚来两个月，业绩就飙升到本月第一名了。我给你这么高的工资，你就给我这个交代？你销售冠军的宝座还能坐多久？"

韩涛正想对此事向经理解释，谁知经理截断了他的话，说："你别找借口了，回去好好反省。要是下个月你的业绩还不能提升，就别怪我不客气扣你的年终奖金了。"说完，经理就示意韩涛出去。

韩涛委屈极了，他从公司开创到现在一直任劳任怨，开发新客户，巩固老客户，拓展了公司近40%的市场，年年被评为优秀员工。这个月经理指定他去开发新市场，新市场客户本来就不多，但整体上还以10%的速度扩充。再加上，本月总部发货不及时，很多客户临时取消了订单，销售额自然并不出彩。方恒是新员工，为了照顾他，领导一开始就将其安排在客户源多而稳定的老市场，自然能出成绩。

经理只看数字，不问世事，连分辨的机会都不给，这让韩涛越想越生气。一个星期后，韩涛就离职跳槽了。

领导没有调查，还未弄清楚事情真相，就用强硬的态度批评下属。而且，在批评的过程中，领导还就事论人，指责下属无能。下属伤了自尊心，矛盾激化，最终导致公司的优秀人才流失。这种作法显然违背了批评的惟实惟事原则。

领导进行批评最应该做的是检查事实是否准确，该不该由某人负责，导致这一后果的原因是什么。领导不能随心所欲，更不能以感情代替原则。从实际出发，弄清真相，分清责任，这样领导的批评就有理有据了，既不夸大，又不失察，下属自然能够心悦诚服。

因人而异原则

批评是针对人的工作，俗话说"龙生九子，各有不同"，人和人也存在着差别。所以，企图用一种模式生搬硬套，只能让领导处处碰壁。有效的批评应该坚持因人而异的原则。

某纺织厂第三车间的两位员工赵琳和高沁在操作中犯了同样的错误。但是车间徐主任对两个当事人却采取了不同的批评方式。徐主任狠狠地批评了赵琳，却只是指出了高沁的操作不当，还让高沁不要心急，慢慢地学习以熟悉工作。

赵琳对此很不服气，找徐主任提意见。徐主任解释道："小赵，你是个老员工，进厂都两年多了，不应该犯这种错误。你对操作不能说不懂，更不能说不熟悉，工作出现这样的失误说明你的工作态度有问题。你想想自己最近的表现，是不是这个道理？再说小高，她是新人，还处于学习阶段，跟你性质不同，你说是不是？"

赵琳听完主任的话，默默地接受了领导的批评。

就算是同样的错误，发生在不同人的身上，其实还是存在差异的。如果案例中的徐主任都狠狠地批评两个人，则小高易伤自尊，积极性受挫；若徐主任都只轻描淡写地指出两人的操作不当，则对态度上不重视的小赵起不到教育的作用。所以，领导批评他人时，要坚持因人而异的原则，采取不同的批评方式，才能实现有效的批评。

一般来说，不同行业都有不同的批评要求，即便是同一行业，工种不同、职务级别不同，领导的否定艺术也应该不同。一条规律是，下属的工作熟练程度和行政级别越高，领导对其应越严格。犯错者是不同年龄的人，则领导的批评也有差别。具体来说，对年长者，要多用商讨的语言，称呼对方时可以在姓氏后面加上职务，如王教授，以表达郑重有礼之意；对同龄者，可以自由一些；对年少者，领导应在批评时，适当地增加一些开导的语句。

下属的心理情况，包括气质、性格、承受能力、兴趣等方面各有不同。比如，有些人情绪外露，一点即爆；有些人则沉默寡言，内向抑郁。所以，领导要针对不同的状况综合运用否定艺术。若是下属是活泼、开朗的外向型，在批评时可以直率一点，干净利落地批评；下属若是孤僻、谨慎的人，领导应采取迂回委婉的方式，同时应该注意斟酌言辞。

适当适度原则

有句话说得好，"真理向前一步是谬误"。做事没有个"度"是不行的，批评下属更是如此。批评上把握度，要把握分寸，不及或太过都应当避免。

现在，官场和职场上的一些领导不愿批评，也不敢批评。有的下属犯了错，一些领导嘻嘻哈哈，让事情不了了之，这样没有做到有效批评，会让下属有恃无恐。优秀的领导要懂得惩前毖后的道理，维护制度和自身的权威，做到赏罚分明。

与此相应的，职场上有一种"狼虎"型的领导，批评时气势汹汹，杀气腾腾，搞得整个部门都不安生。试想，今天撒完了气，把话说绝了，明天该怎么相处？身为领导应该表现出一定的气度，选用一些模糊的语言，让批评点到为止。

员工犯错，并自我反省承认了错误，这种作法已经很不错了。但是有些领导却喜欢"痛打落水狗"，员工越是努力认错，他越批得厉害，心想："出了事，你才来认错，之前我的话都不放在心上，我绝不能轻易饶过你。"自己反省了错误，领导还穷追猛打，这要下属怎么工作呢？性格软弱的下属可能会丧失信心，个性要强的下属可能会"翻案"，甚至大闹一场。

显然，领导这么做是没掌握好度的表现，很不明智。优秀的领导不用太责备诚恳认错的员工，特别是那些第一次犯错或不小心犯错的员工，只要稍微提醒，你的批评就会发挥作用。

毫无原则、恣意放纵下属的做法是不明智的。恰当地批评下属，领导需要遵从以上三个基本原则，这样，既能保证各自利益的平衡，又能维护内部的团结与和谐。

【说话技巧】

"闻过而喜"是古训，但是并不是每个人都能愉快地接受别人的批评。领导批评下属时，要坚持惟实惟事、因人而异、适当适度的原则，用高超的语言艺术，让下属心悦诚服。

第五章

会议口才,助你在文山会海中显魅力

　　领导大都是会议的组织者和参与者。主持和出席会议是领导日常工作中的一项重要活动。据统计,领导1/4的工作时间都被用于准备、召开和出席各类会议。因此,作为领导,必须重视学习掌握主持会议的技巧、会议发言的诀窍,毕竟这直接关系到领导工作的开展和办事效率的高低。

1. 别让开会成为下属的闹心事

一听要开会，往往领导兴奋，下属可就闹心。

领导兴奋是因为不少领导是"开会迷"。人人都受传统的官本位思想影响。在开会时，领导必须发表讲话，让下属俯首帖耳，彰显自己身为领导的权威。尤其是那些能力不强的领导，更喜欢通过频繁的开会以显示自己的"官"威。

一家企业某部门的秦经理最喜欢开会，而且是天天开，一天两次，每次至少一小时。因此该部门成为整个公司开会次数最多的部门。据说，若其他部门被告知会议室预订已满，那肯定是该部门预定了。

真的有那么多事情需要开会吗？该部门的一位员工早已成为了"恐会族"，他无奈道："本来每次开会的初衷都是要解决问题。但是，开会之后并没有解决任何问题。因为秦经理讲着讲着，就把会议变成了批评员工的大会。经理会将在座每个人的毛病数落一番。曾经有一次，我们从下午 5 点一直开到凌晨 2 点，大家饿着肚子、挨着骂。第二天，有三个人实在受不了秦经理和这种频繁开会的制度，一起提出了离职。"

有人分析了这位秦经理的行为，觉得他之所以这么爱开会，有两点原因：一、不信任下属，因此下属做的每一件事及这件事的细节他都要知道；二、把开会当成业绩，做给更高的上级看，制造出一种忙碌、认真、敬业的假象。

因为会议太多，员工受不了，所以该部门的人员流动性很大，业绩一直是整个单位中最差的。

一般来说，适当地开一些会议，商讨企业的发展方案，下达任务，未尝不可。说不定，领导还能在会议上通过大家的集思广益找到最佳的发展理念。可是现在的问题是，一些部门会议开得太多、太滥、太长，开得变色、变调、变味了。

一些领导喜欢以开会来显示权威。他坐在主席台上，慷慨激昂地"强调几句"、"指示几点"，立马报上有名，电视有影。还有些领导爱到风景名胜区开会，游山玩水，吃吃喝喝，还不花自己一分钱。开会好处多，领导自然乐"会"不疲。有些领导心里有一种错误的认识——工作就是开会，开会就是落实，落实就是在开会。可是仔细想一想，如果把上班时间都用来开会，那下属哪里有时间去工作呢？尽职尽责的下属只能晚上加班赶工，长此以往，有谁受得了？领导如果太爱开会，那很有可能造成整个部门的内部不稳定和下属的超负荷工作，自然也难以实施有效管理，从而得到成效。

领导沉迷于"文山会海"，下属自然感到闹心，因为自己必须坐在台下听领导的"天花乱坠"。某公司召开了一次动员大会，部分企业领导充分践行了"台下听得昏昏欲睡"这句话，结果被某新闻台录下并当场播出，让很多人尴尬不已。

台下睡觉的员工自然不好意思，但台上的领导更应该为此感到羞耻。本来一个电话就可以解决的问题，偏要通过会议层层传达、层层讲解，这个讲完那个讲，翻来覆去地说，谁能有那么多耐心呢？这种充斥着空洞无物的空话、大而无当的大话、虚伪客套的套话的会议，对于团队的管理而言是毫无意义的，却还要下属摆出充满激情、热情洋溢的面孔，难道不是强人所难吗？因此，领导在上面唾沫星子乱飞，员工不一定听得进去，反而会对领导的讲话不屑一顾，没有其他抗议方式，大家就只好玩手机或睡觉以求时间快过去。

"会议病"不仅影响工作，还破坏领导和下属的和谐关系。因此，领导一定要改变观念，不要误以为讲得时间越长，水平就越高，越是对这项工作重视。会议应该当开则开，能不开就不开。通报性质会议实际上可有可无，完全可以通过文件传达、邮件的方式的解决，效率高、成本低。领导可以利用那些开会的时间，与下属进行走访沟通，或者私下指导。这样领导和下属才能真正打成一片，下属会打心底里佩服领导，领导的威望更高。而且，员工也会利用上班时间，更好地提高工作的效率。

生理学家研究发现，参与开会和讨论时，人的最佳脑力状况最多只能维持45分钟。超过1小时，参会者的注意力就会松懈，窃窃私语和轻微骚动等状况就会出现。若此时还要继续开会，发言者的意见已经显示不出创新性了。要是领导仍然坚持继续会议，与会者的唯一念头就会变成"快点散会"，而不再关注会议的主题或决议了。

因此，领导在开会时，要注意时限，一般最有效的会议不要超过1个小时。如果要休会再续，那中间至少要休息30～40分钟来恢复自我感觉和注意力。只有这样才能使会议的效果发挥到极致。

【说话技巧】

不该开的会硬开，短会往长了开，小会往大了开，必然"文山会海"。优秀的领导只说该说的话，不要让泛滥的会议成为下属的闹心事、成为高效工作的障碍物。

2. 会议不是领导的"个人秀"，快速入题很重要

美国迪尔伯特系列漫画中有这么一幅漫画：几个人围着桌子坐着，会议组织者说："今天会议没什么特别的议程。像往常一样，我们就抱怨下、做些没有意义的发言就好了"。它讽刺的就是管理上的"开会"。确实，现在会议基本上就是这样的没有重点、没有激情、没有效率，而其中的一个原因就是领导把会议当成了"个人秀"。

现实中，一些领导把会议当成抬高自己威望的机会。从会议开始到会议结束，部分自我感觉良好的领导都在向下属讲述自己过去的"丰功伟绩"，吹嘘当前的业绩，自负地畅想美好的明天。而下属听了开头就知道结尾，对这样的领导反倒鼓不起"崇拜之情"。还有部分领导能力不强，却拿手里的权力当"令箭"，在会议上把下属的一言一行都批得体无完肤。下属们面无表情，内心只希望"暴君"的"台风尾"不要"扫"到自己。这样的会议毫无疑问不能激发大家发言，提高工作效率。

领导要清楚，那种冗长无趣的会议，早已经与这个竞争激烈的时

代严重脱轨了。今天，开会讲求的是简短精要。因此，作为会议的主持者、组织者，领导一定要快速进入主题，不要在其他无关紧要的问题上耗费时间和精力。

所谓快速入题，就是说会议要开宗明义。开会没效率，是因为下属对于这个会议对自己的要求是什么，需要自己达到什么样的目的还不清楚就去参加了。所以，会议发起者让参会者明确会议目的至关重要。

通常，会前领导应该安排发给参会者会议的议程表，来说明会议的主要内容，不过即便是这样，在会议开始时，领导也应该重申一下会议的目的、议题或任务。这样做是为了强化参会者对将要谈论的主题的印象，有助于下属提前进行思考。若是没有提前告知下属开会的议题，那么领导一定要在会议开始时简明扼要地向与会者讲明为什么要召开这次会议，重点解决什么问题等内容。

一个简明、直入主题的开场白，确实是会议高效的重要保证。而且，这开场白说得好与不好，都将决定此后你所说的每一句话的命运，因为听众会根据第一印象来决定是否聆听你的讲话。所以，领导应该仔细揣摩如何说好这个开场白。

不要采用那种千篇一律的套话，就算它确实直入主题。"大家坐好，现在开会了，今天我要讲三点……"这样的话大家都已经耳朵生茧子了，对下面的各个点也没兴趣。而独具匠心的开场白，能给听众留下深刻的印象，控制场上的气氛，瞬间吸引听众的注意力，为下面的讲话搭梯架桥。

某工厂的领导召开职工例会。他是这么开场的：

"在开会之前，我要跟大家说一件事。昨天晚上我看电视，一条新闻说昨天咱们市刮大风，7.8级的阵风把路边的电线杆子都刮倒了。结果，电线杆正砸在十字路口一位年轻人身上。看来，安全意识一刻也不能放松啊！好，今天咱们的主题就是'作业安全'。请大家结合自己的工作实践和经历，谈谈自己的看法，争取找出保障安全作业的方法。"

这样的开头，先吸引了大家的注意力，又自然地导出了主题，还点明了讨论的重点，非常有助于下一步的会议讨论。

除了上述这种从相似、相关的话题引入主题之外，提出问题或设置悬念也是开场的好方法。领导可以提出与中心思想相关的问题来吸引参会者的注意。这些问题的作用最好能引发参会者对会议主题的思考。设置悬念，利用了人们的好奇心，从而能吸引人们通过倾听去寻找答案。比如，丽贝卡·威特在演讲开场说："我是一个由7个字母构成的单词。我破坏了友情、亲情、邻里之情、同学之情。我是当今青少年中最大的杀手。我并非酒类，也并非可卡因，我的名字叫自杀。"领导可以根据会议的实际，或讲形势，或提问题，或道特点，灵活地开场。

领导要明确一点——不管开场白怎样独具匠心，它的目的就是要点明主题或会议的任务。这是关键，如果不能做到这一点，那不过是在炫耀自己的口才，无益于提高会议的效率。

【说话技巧】

漫无目的地听长篇大论只会令下属打哈欠，领导身为会议的发起者，要让下属知道为什么他们会坐在这里。因此，在组织下属参加会议时，你必须首先解答三个问题：你要干什么、你要让下属干什么、下属面临什么挑战。

3. 开会不是上朝，别搞得太沉闷严肃

开会时，参会者睡觉、玩手机、说悄悄话等行为，常常惹怒正在讲话的领导。领导对下属这种不专心、不用心的行为往往大批特批。可事实上，这种状况的出现也并不完全是下属的错。

下属开会不在状态，并不是觉得会议不重要，而是因为领导主持或组织的会议开得不够好——重要的会议开得太少，毫无意义的会议开得太多，单一宣讲让听众没有听下去的耐心和欲望。所以，领导与其在下属逃会、睡会的时候大加指责，不如从自身方面开始思考怎么做才能让员工喜欢会议，尤其是重要会议。

可能有心的领导也在思索，会议开得过于严肃沉闷是谁的错？一点建议是，回顾一下你在会议中的角色。要知道，一支部队的作战作风和部队的领导的做事风格有很大的关联。同样的，一个公司或部门的会议风格，也和主持会议的主要领导的作风密切相关。简而言之，你严肃，会议就严肃；你活泼，会议就活泼。如果领导不改变自己的风格，那下属无论怎么强迫自己认真听会，会议的收效也难以提高。

方明刚刚被调任公关部经理。他听说由于上个经理太爱开会，公关部的员工"闻会变色"。方明知道，职场会议是免不了的，且下属之所以恐会，是因为会议单调的形式让人生厌。

于是，方明在第一次部门会议上，只做了简单的开场白，然后告诉大家会议的主题是"如何让以后的会议都精彩"。这一提议令部门的员工乐开了花，纷纷发表意见。有的建议丰富会议形式，如举办餐桌会议，QQ群会议；有的认为会议应该尽量让员工多参与讨论，不能只是领导一言堂，发号施令。就这样，原本严肃的会议变得轻松活泼了。

方明还发现部门一位下属特别能侃，且说得有趣又有新意。所以，他就让这名员工在每次正式会议内容结束后，给大家说说时评或八卦，活跃气氛。

就这样，以前害怕开会的公关部在新领导方明的调整下，已经能把会议开得活泼又高效了。

如果会议不再是领导简单的发号施令，或不再是领导声嘶力竭的批评指责，而是尽量让员工多些讨论，那会议的气氛应该会活跃不少。在这里，领导要多使用一些幽默的语言，以增强讲话的生动性、趣味性，便于参与者放松心情，在愉快的氛围中完成会议任务。

有条件的领导可以多尝试改变会议的形式，比如某部门的周五总结会，其形式是先聚餐，后去茶楼开会。该部门领导说："一边喝茶，一边讨论近期的工作成果和接下来的工作安排，氛围很融洽。就算是下属因为工作不到位挨了批评，也不会觉得特别丢脸。"这种会议借鉴了聚会的形式，大家围坐在一起讨论和商量，言辞间必然少了一些枯燥的空话、套话，多了些实用、友善的言辞。

令会议变得沉闷的另一个原因是无人发言或一部分人毫无反应。这种沉默局面非常不利于会议的展开和会议目标的实现。此时，领导就要下工夫打破沉默，活跃气氛。

如果大家对提出的问题都不回答，可能是由于不了解问题的背景。此时，若有关于这个问题的资料或关联事物，领导可以讲出来，以引导大家讨论。比如，倘若要设计一个图标，领导可以先将自己收集的一些相关资料展示出来，以启发大家的思路，然后再询问大家的意见。

点名提问是最简单有效的方法，最好能让一个参会者发言后指明另一位参会者继续发表看法，或者指定后面的发言人评价前面发言者的看法。比如说：张教授，您对刘教授刚才提出的意见有什么看法？

如果会议时间允许，领导可以将参会者分为几个小组，并给定 3 ~ 5 分钟让大家讨论，然后各组分别发言。

在消除沉闷时，领导要针对下属的个性和心理有的放矢。比如，有些人发言有顾虑，害怕得罪领导，此时你要给对方减压，创造轻松民主的氛围；有的员工抱着"事不关己"的态度，领导要关心他的反应，比如说："小许一直不说话，是不是哪里不舒服？"下属一般回答身体没事儿，这时领导可以问："那你说说对刚才讨论的事情有什么看法？"密切感情，理顺情绪，就可以引导大家打破沉闷的局面了。

需要补充和强调的一点是，无论召开什么会议，与会者的情绪和参与程度都是关系会议是否成功的重要因素。但并不是要让领导把所有的会议变得"非正式"、"非严肃"，最好的做法是"因会制宜"。在部署工作的会议上，要强调准确、具体，给人重要感和紧迫感。在欢庆会，自然要让会议的氛围热情喜庆，表现出友善真挚。在动员誓师大会上，领导的语言要富于鼓动性，目的是增强人们工作的信心和决心。

简而言之，开会的目的就是让参会者去听、去发言、去贯彻执行。因此，领导要针对不同的会议，激发参会者的兴奋点，调动他们的情绪，这是会议成功的秘诀。

【说话技巧】

开会远不止领导说、下属听那么简单。与会者的情绪、参与程度，都直接关系到会议的效果。因此，领导开会切忌一言堂，否则久而久之，会议的气氛必然令人窒息。根据会议的方向调动与会者的情绪是领导需要修炼的技能。

4. 领导如何致欢迎词、开幕词、慰问词

组织或企业的一些大型会议或活动，总要请领导致辞、讲话。尤其是有政府组织或有政府背景的活动，更是如此。但可惜的是，有的领导实在不具备致辞发言的文采和口才，讲话不是空洞无物，就是官腔十足，让人听了生厌。

身为领导，我们在日常工作中可能要佳节致辞、会议发言、开幕式和闭幕式讲话、致欢迎辞、致欢送辞等。要想让自己的发言起到效果，领导应该根据各种场景具体学习如何致辞发言等，尽量做到语言到位，言辞有礼。

在迎接宾客的仪式或集会上，领导要对宾客的到来表示热烈的欢迎，此时要致欢迎词。欢迎词有两个重点要求：首先，要通晓来宾来访的意义，或者主客双方的关系，或者双方已取得的成果等；其次，欢迎词要有礼貌，并且要流露出真情实感。就算双方观点存在分歧，也要措辞含蓄委婉，做到既坚持自己的立场观点，又不出语伤人。

1972 年，周恩来总理在欢迎尼克松总统的晚宴上，发表的欢迎词如下：

首先，我高兴地代表毛泽东主席和中国政府向尼克松总统和夫人以及其他的美国客人们表示欢迎。同时，我也想利用这个机会代表中国人民向远在大洋彼岸的美国人民致以亲切的问候。

尼克松总统应中国政府的邀请，前来我国访问，使两国领导人有机会直接会晤，谋求两国关系正常化，并就共同关心的问题交换意见，这是符合中美两国人民愿望的积极行动，这在中美两国关系史上是一个创举。

……

中美两国的社会制度根本不同，在中美两国政府之间存在着巨大的分歧。但是，这种分歧不应当妨碍中美两国在互相尊重主权和领土完整、互不侵犯、互不干涉内政、平等互利和和平共处五项原则的基础上建立正常的国家关系，更不应该导致战争。中国政府早在 1955 年就公开声明，中国人民不要同美国打仗，中国政府愿意坐下来同美国政府谈判，这是我们一贯奉行的方针……

最后，我建议，为尼克松总统和夫人的健康，为其他美国客人们的健康，为在座的所有朋友们和同志们的健康，为中美两国人民之间的友谊，干杯！

这则热情洋溢的欢迎词首先表达了热烈欢迎来宾的心情，情感真切。欢迎词中重点点明了尼克松总统访华的意义。而且，周总理还秉持着求同存异的原则，少谈分歧，重在谈一致性，营造出了友好和谐的气氛。

注意，在欢迎宴上发表的欢迎词，往往被称为祝酒词，算是欢迎词的一种形式。不同的是，欢迎词的结尾多为祝愿成功、愉快，而宴会上的欢迎词往往以"为某某干杯"结尾。

与欢迎词相对应的欢送词，目的是为了对离去者表示热情欢送，主要应该讲清离去者在来访期间做出的工作、意义或双方的友好关系，言辞间切忌冷漠，要表现出尊敬和亲切的感情。有时候，由于离情难已，离去者情绪低落，此时，领导还要运用幽默的语言，营造愉快的氛围，并激励听众。

党政机关、社会团体、企事业单位召开会议时，主要领导要向大会做重要讲话，此为开幕词。开幕词的作用就是交代会议召开的背景、议题和议程，阐明会议指导思想等。由于开幕词往往定下了整个会议的基调，所以领导要根据会议主题认真揣摩。

闭幕词与开幕词相对，是有关领导对会议总结性的讲话。闭幕致辞，领导应该说明会议已经完成预定任务，就要胜利闭幕，还要阐述会议进程的情况和意义。在致辞时，领导要带有热情，充满鼓动性和号召力。

1982 年，李先念同志为党的十二大致闭幕词，他说："我们党的第十二次全国代表大会，经过全体代表的共同努力，现在已经胜利地完成了这次会议的历史使命。"然后，他又分别阐述了大会的成果，如"一致通过了新党章"，"产生了新的中央委员会"，并鼓励大家做好三项任务。接着他号召同志们为国家建设而努力，说："我们相信，只要我们紧密地团结在党中央委员会的周围，振奋精神，埋头苦干，就一定能够驾驶我国建设的巨轮，一步一步地达到我们伟大的目标。"最后，李先念同志宣布大会胜利闭幕。整个闭幕词简洁明了，毫不拖泥带水。

逢年过节或遇特殊情况，领导要以组织或个人的名义向有关人员表示慰问、关切、鼓励之意，目的是让对方感受到集体的关怀、温暖，并在精神上得到安慰，例如，慰问边防战士或慰问受灾的民众。做慰问发言时，领导的讲话中一般要洋溢着强烈的感情色彩，或语气明朗，称颂对方的功绩；或言辞沉缓，表达对对方的关心和同情。

某学校的校领导在教师节到来之际慰问全体教职工，说："我们把最衷心的祝福和诚挚的问候献给辛勤耕耘、无私奉献的全体教职工和把一生最宝贵的年华献给教育事业的离退休老教师，祝您节日快乐，生活幸福。"然后，他又通过回忆往昔肯定过去，展望未来积极工作两方面感召教工，情感真挚。

总而言之，身为领导，我们可能在各种会议、活动中致辞、讲话或发言。作为会场的焦点之一，要正确传达会议或活动的主题是主要任务。优秀的领导应多借鉴学习一些典型的发言或致辞，不断提升自己的领导口才。

【说话技巧】

无论在何种会议、活动中发言致辞，领导干部都要做到三点：情感真挚、简洁明了、感染力强。

5. 被邀即兴发言，领导怎样才算说得智慧

领导经常要面对这样的情况：在事先没有任何准备的情况下，临时出席某个会议并被邀请做即席发言。与事先准备好发言稿不同，这种即席发言要求领导必须一边想一边说，这是对领导的口才表达和综合素质的重大考验。因此，要想在这种场合做到临危不乱，应对自如，作为领导，很有必要提高自己即兴发言的语言技巧。

在即兴发言中，领导如何说才算有智慧？以下几点至关重要。

保持冷静

听众数以千计、听众是行业的专家、听众中还有更高级别的领导，当上述三种情况出现时，即席发言者必然会紧张。但是，精神紧张很容易导致思路混乱，讲起话来语音飘忽，语无伦次。为此，领导一定要稳定好自己的情绪，给自己信心，这也是驾驭听众、掌控场面关键

的一点。即便是在讲话中出现了口误，领导也不必紧张，立刻更正或补充说明更会显示出卓越的应变能力。

即兴发言要紧扣主题

任何会议和活动都有自己的主题，领导在这样的会议上即兴发言最基本的一点就是要扣题。如果你谈的不是会议所论，或者与主题一点关系都没有，那就会干扰会议或活动的方向。而且，离题太远会降低发言的效果，还会引起听众的反感，降低领导在群众中的威信。比如，在欢迎会上，你的即兴发言一次也没有提到宾客和双方的关系，反而言及其他内容，就是极不明智的表现。

恰当的话题是即席讲话成功的一半。一般来说，领导要根据自己参加会议的内容、场合和自己的身份，来确定自己的主题或话题。比如，会议主题是企业技术改革，如果你能紧扣这个主题，选择一个恰当的切入点，讲讲自己的认识和感受，定会得到听众的认同。

当然，做到紧扣主题，就要求领导在参加会议活动时应该处处留心，及时了解和掌握会议的主题、议程安排、参加人员，认真听取其他人的发言，明确参会者的主要思想，并认真思考。在听会或参会时，不妨这样想："若主办方突然让我即席讲话，我讲什么?"有了这个思想准备，下面就心中有数了。另外，在平时，领导也要注意积累知识，提高文化素养。知识就是力量，只有用知识武装自己，讲起话来才能更加镇定自如，言之有物。

发言要有独到之处

主办方或者其他人邀请领导即席讲话，目的是为了从领导的看法、观点中找到新的东西。也就是说，衡量即兴发言讲得好不好，有没有水平，关键是看领导有没有创见，话语中有没有独到之处。

如果一味地老生常谈，把众所周知的事情一讲再讲，那听众会感到厌烦。这是失败的即兴发言。所以，在多人都发言的时候，领导切忌重复别人讲过的话，即便没有更新的话题也不要重复别人说过很多次的话。

要做到即兴发言有独到之处，领导要在仔细观察现场氛围、知己知彼的基础上转换角度，另辟蹊径思考。另外，如果第一个说，就要先声夺人；后讲的话，就要道别人所未道。

态度诚挚，以情动人

即兴发言有一点特别，就是"兴"，是指受到当时环境、对象、内容的感召，领导有一种强烈的表达欲望，而且该欲望贯穿在讲话的全过程中。这一欲望的体现，就在讲话者的诚恳态度中。诚挚、热情、坦率的讲话更容易吸引听众，增强讲话的实效。

当年，邢台地震，周恩来总理第二天就奔赴灾区看望受灾群众。当时春寒料峭，周总理把自己关心人们疾苦的诚挚感情注入讲话里，非常富有感染力。当周总理说到"一方有难，八方支援，等你们恢复了生产，重建了家园，我再来看望你们"时，几千名群众一齐站了起来，口号声此起彼伏，连成一片。

分清对象，表达准确

听众的身份决定领导采用什么样的语言。如果对象是工人或农民，领导的语言要力求朴实，贴近生活，切勿咬文嚼字。如果对象是知识分子，那就要说得文雅点。如果对象是干部，则要说得准确干练。这样讲话的效果就凸现出来了。

注意，即席发言必须表达准确。想一想，如果含糊其辞，说错了话，台下就会哄然大笑。所以，领导不能信口开河，说话要做到有根有据。

简言之，即席讲话的准备时间有限，考验着领导的临场口才。如果讲起来方寸不乱，没有明显语病，并且能有一个亮点，那这次即席讲话就算成功了。

【说话技巧】

即席讲话的结尾不应冗长拖沓，要在言不必尽或达到高潮时戛然而止。这样能让听众感觉回味无穷。

6. 会议讨论离题、争吵，领导该怎么做

尽管领导事先做了认真准备，但在会议当中往往还会出现偏离主题、意见分歧、无谓争吵等情况。离题、争吵是让会议效率降低，乃至计划流产的尴尬事件，领导要沉着冷静，靠应变能力积极引导、恰当处理。

在会议中，一些发言者总是不着边际地发言，说的话与讨论的主题毫无关系。结果，几个小时下来，会议收不到成果。但是，如果领

导强行扭转，必然会打击对方的积极性。比如，一位强硬的领导说："说了一个小时了，跟会议的主题有关系吗？都是些没用的话。"这样下属就不再想发言了。因此，领导应注意讲话策略，不妨用暗示的语言把会议方向导正。

巧用暗示导正话题，是指领导就下属发言提出的某个问题或某句话，因势利导，肯定其价值，但提议先谈论会议的主题，其他问题等到会后再议。举个例子来说，某企业的销售部开会讨论如何完成季度工作任务。但是脾气直率的老刘却一直在谈自己看到的新员工懈怠、吃客户回扣、做事不诚信等问题。这时候，方经理适时地说："老刘反映的情况我现在了解了。关于这些问题，我会另择机会专门开会讨论的。不过，今天的中心议题是如何完成季度工作任务，众所周知，本季度任务比较重，所以现在大家先集中探讨一下这个问题。"在这里，领导通过表示留到会后再讨论来达到委婉中止跑题的目的，有意识地重申了会议召开的目的。

发挥式的离题常常由一种说话口若悬河、表现欲强、喜欢垄断谈论的参会者造成。因此，领导要特别注意这一类人，一旦对方开始滔滔不绝，你就要在适当的时候打断他。如果这招不奏效，领导可以限定发言时间，例如"时间比较紧张，每个人发言三分钟"就是最佳的应对策略。

当参会人员集体偏题，或者讨论的话题与主要议题关系确实不大时，领导可以通过使用恰当的连接词，把之前谈论的话题自然过渡到会议的主要话题上。

某化妆品公司新研发了一种彩妆产品，宣传推广部门的领导赵总

召集员工开会，讨论投入广告事宜。但是，半个小时过去了，赵总发现，几个属下的发言多是关于投入广告的好处，而没有具体的方案。因此，赵总觉得应该立刻把会议讨论引导回主题上。

赵总在一个下属发表完意见后，插话说："毫无疑问，大家都认为加大广告投入非常有助于我们打响品牌知名度，提高业绩。那我们具体来讨论一下广告投放的地区、对象，选择哪些广告媒体更合适，如果有好的广告设计方案，也欢迎大家提出来。下面请大家从这些角度发表一下自己的意见。"

赵总这一引导，有承上启下的作用，能很自然地把大家的注意力转到如何投放广告才能起到宣传效果这一会议主题上。

此外，为了预防会议偏题，领导可以在会议一开始就点明会议的主线，引导下属围绕主题发言。在点名要求某个人发言时，领导也可以重复主题，比如说："老周，你是公司的老员工了，经验丰富，你对提高车间的生产效率有什么好的建议吗？"这样就能让员工有的放矢地发言。注意，在制止偏题时，领导对一些小事要快刀斩乱麻，迅速表态，转入正题。

比偏题更容易让会议没有效率的是争吵。每个人的学识、专业、经历和看问题的角度都不同，因此难免各持己见，甚至据理力争。按说，这是深入探讨的表现，对解决会议问题是有益的。但是，无原则的争辩，就会产生负面影响，领导应该适时制止这种情况。若是发展到争吵、纠纷，必然会影响同事之间的团结和谐，此时更不能视而不见。

制止争吵时，领导要冷静，千万不可恼火，也不要在细枝末节的纠纷上妄加裁判，以免损及个人的威信。由于争吵可能是由不同原因造成的，领导应弄清争吵的原因，做出正确的判断。

有时候，对同一个问题理解的角度不同，争论的双方没能准确理解对方的观点，结果因误解而争执。在这种情况下，领导可以这么说："小林的发言算是一家之言，从代理商的角度理解，也有合理的成分，大家不妨站在另一个角度上看看是不是这个道理。再说，言者无罪，我们是在讨论，人人都可以讲话嘛！"

员工在工作意见存在分歧的时候，主持会议的领导要把与会者的分歧意见归纳一下，让大家分清争论的焦点或双方意见的利弊，从而把讨论引向深层次。但若是没有必要的争论，领导可以开玩笑地说："看来你们俩在这个问题上各有高见，要不你们会后再坐在一起讨论，我们先进行下一项议程。"

一些员工由于人际关系紧张，往往引发矛盾。比如，双方本来平时就有矛盾，公开场合常互相拆台，说话含沙射影，甚至进行人身攻击。这种争吵若不制止，会议难以取得成果，其他员工也必然降低发言欲望。领导可以用示意双方注意涵养和影响，也可以利用领导权威暂时压下去，必要时批评不正确或过激的一方。因为对方本身有错，所以此时领导的批评并不会引起太大的抵触情绪，甚至对方会主动收敛行为。

要是参会者与主持会议的领导有了争持，领导应保持冷静，尽可能不与对方直接冲突。如果对方情绪温和，领导可以讲明道理，使对方信服；若对方情绪激动，不理智，应暂时停止解释，将问题放在会后解决，说："关于这件事，我们先不要争论，会后咱们俩具体聊聊。现在让我们继续讨论周年庆的活动安排。"

成功地组织或主持一次会议并非容易的事情。当会议出现偏题或争论时，领导要及时引导。这个过程实质上充分显示了主持者的知识水平、应变能力和领导艺术。因此，领导要提高自己应对尴尬情况的能力。

【说话技巧】

在导正话题、中止争论时，领导不可避免地要插话。插话并不可乱插，时机或言辞不对很容易给人不尊重感。优秀的领导在插话时，话不必多，顺其自然，准确精练才能起到显著效果。

7. 做好总结，给会议画上圆满的句号

会议即将结束，领导一般都要对会议的情况及成果进行全面的总结，对解决和未能解决的问题作出解释说明。会议总结看似很简单，但领导要做好它，却并非易事。有些领导要么把握不住精华，要么重复他人的话，要么就是说些不着边际的肤浅话，这样既不能帮助与会者理解会议精神，也侧面显示出领导的水平不高、能力不足等问题。

如何做好总结？首先领导要了解会议总结的大体内容。一般来说，会议总结应该包括会议的基本情况、主要收获、今后工作的意见这三部分。

第一部分主要讲会议的情况和参会者的主要表现。如 1994 年 3 月 31 日国家档案局副局长、中央档案馆副馆长刘国能对全国档案工作会议的总结，他说："我们这次全国档案工作会议从 3 月 28 日开始，共进行了 4 天，今天就要结束了。全国各省市、自治区和计划单列市的档案局长、馆长，中央、国家机关和解放军档案部门的负责同志和特邀单位的代表以及局馆各部门和直属事业单位负责人共 288 人出席了会议……会议的中心议题是分析档案工作面临的新形势，研究档案工作如何适应建立社会主义市场经济体制和整个社会主义现代化建设的需要，部署今后的任务。"这里，刘局长就讲了此次会议的与会者、会议时长、办了哪些事情等问题，概述和评估得很完备。

第二部分是会议总结的重点，侧重讲大家通过努力，统一了什么思想，研究解决了哪些问题，最好能高屋建瓴地概括几条，让人觉得条理清晰。尤其需要注意的是，谈收获的时候要紧扣会议的主题，反映突出问题，若能在每条收获后配以具体事例更佳。

刘国能在第一次全国档案会议上总结说："四天来，与会同志围绕会议的中心议题和王刚同志的报告，就我们档案工作面临的形势和任务、档案机构改革、档案业务建设等问题，聚精会神，认真研讨……经过讨论，代表们对于在机构改革中如何进一步加强档案事业的宏观管理，如何根据档案工作的自身发展规律和特点建立适合我国社会主义市场经济体制和整个社会主义建设的档案管理机制等问题上取得了许多共识，并对会议文件提出了很多很好的修改意见……"

刘局长谈收获的时候，紧紧扣住了会议的中心和主题，还引用了一些好的意见、建议和具体措施，可以给人生动具体的感觉。

最后一部分，就是结合实际工作，提出实施会议主题的意见，也就是如何贯彻落实的问题。这里可以提出具体要求，并分解任务，落实到责任单位和个人。1994 年的全国档案会议上，刘国能最后说："同志们回去后，把这次会议精神向本地区、本部门的领导同志及时汇报，并根据本地区、本部门的情况，提出贯彻这次会议精神的意见和具体措施，抓住重点，抓紧落实。"

很多领导在会议的最后，都会用鼓舞人心的话作为总结，号召大家为实现某个目标或任务而努力。这能带动起会议的氛围，让人感觉会议的召开很有意义、很圆满。

当然，对于会议的总结是详细还是简要，还要根据会议的类型、要求、气氛、时间安排等情况而有所侧重，有所区别。

如果会议的目的是解决问题，如"怎样在下个月把销售量提升5%""提升领导的管理才能"。会议上讨论的问题可以是单一的，也可以是多样的。重要的是，每讨论完一个问题，会议领导都要做一个归纳，形成统一意见；当全部问题讨论结束时，领导还要做简要的总结，概括一下会议的成绩与不足，强调重点问题，并安排贯彻落实的任务。

总结决策性研究会议，领导总结时一般首先要充分肯定由于大家的共同努力会议取得了成效，目的是增强会议的积极气氛。接下来，领导要把所有有价值的意见综述起来，给予肯定。即便是对那些完全未被采纳的意见，领导也要肯定它的价值。但是，不要把某些意见说得十全十美，全面肯定，同时又全面否定某些意见，这是不明智的。领导最不应做的是，参会者发表了 10 多条意见，但领导本身刚愎自用、独断专行，最后总结时往往发表了一通自己早已经想好且与众多意见相背离的意见。久而久之，参会者参与会议的兴趣就会降低。

纵览繁多、典型的会议总结，领导会议总结得要得法，通常可以采用以下几种方式。

一、直接叙述法。直述法就是简要概括会议办了哪些事情，达成了什么共识，解决了什么问题的总结方式，目的是加深会议的印象，如"本次会议，我们主要学习了×××文件，研讨决定了×××。会上大家提出的意见完全符合我们现有的实际情况，对促进下一阶段的工作意义重大。为了贯彻落实会议的精神，我再提几点要求……"

二、归纳法。参会者列举了许多互有关联的事实，尚属感性阶段，或者会议内容较多时，领导都需要站在更高的角度进行概括、归纳。我们常说的"会议达成了以下几方面的共识：一、……二、……三、……"就是运用了归纳法。

三、评论法。在策略性研究会议上，下属或参会者献计献策后，领导要对这些意见作出点评，同时表明自己的态度。注意，使用评论方式总结时，领导应注意言辞，诸如"小王的意见非常不科学""老刘的意见毫无价值，属于胡言乱语"等具有伤害性质的话不可说，否则会伤害员工的自尊心。

四、拍板法。会议可能是为了解决一个紧要的问题，因此当大家根据各种客观因素，得出一致意见时，领导就应该及时拍板定案。领导可以这么说："大家分析了两套方案的优缺利弊，整体上都比较倾向于A计划。那就把A计划作为我们接下来努力的方向，各部分要协调配合。"

五、动员鼓励法。领导也可以不对会议作出具体的总结，此时，以鼓舞人心的话代替总结，对参会者提出希望和要求，号召大家为目标或任务而努力工作即可。

　　领导干部做会议的总结发言时，要尊重事实，既充分肯定成绩也要指出不足，尤其要强调今后的努力方向和奋斗目标。这样，召开的会议就算是圆满了。

【说话技巧】

　　一个领导总结会议的水平是其个人素质、修养的体现，关系到会议质量的高低。领导讲话做到简明扼要、全面准确、重点突出就能圆满结束会议。

第六章
谈判口才,用你的唇枪舌剑掌大局

　　企业或部门间的交流常涉及谈判,而领导不可避免是谈判桌上的中坚力量。可以说,领导的谈判口才影响着谈判的成果。不过,由于谈判语言与一般语言有所不同,所以伶牙俐齿的人并非就是谈判水平高的人。要想掌控谈判大局,领导必须修习谈判口才,提升谈判艺术。

1. 切勿走入的四大谈判误区

一些领导虽然善于管理，但未接受过系统的谈判培训，所以很多时候他们只能按照感觉或经验行事。所以在谈判时，领导就难免犯下一些错误，将自己置于不利的位置，而让对手获得了利益。

那么有哪些错误或雷区是领导应该避免的呢？

一、因对方的外貌或行为而轻易让步

一位形象俱佳、谈吐得体的领导很容易引起对手的好感，这是一条谈判的窍门。但是，如果我们因为谈判对手形象佳，或慈眉善目，或文质彬彬，或貌美如花，就出于好感而给对方好处或作出让步，那则不智。若对方的表现恰好是他的谈判策略，而我们做出了让步，则刚好中计。甚至，我们的让步还可能会养大他的胃口，逼迫你再次让步。

有些无谈判经验的领导可能天真地认为：对方会对我方的让步感恩戴德，并做出回馈。

深圳一家电子企业与北方一家家电卖场商谈销售代理问题。

电子企业的销售经理周经理一见卖场的采购主管宋经理是位漂亮的女士，就心生好感。周经理不忍为难，就主动说："看在宋经理的面子上，我把单价从 105 元直接降到 100 元。"宋经理微笑，点头同意了。

双方继续谈判，谈到付款账期的时候，家电卖场的宋经理坚持45天，而电子企业的周经理要求30天，谈判陷入僵持局面。此时，周经理说："宋经理，我早上给了您一个面子，主动让步，您现在也给我个面子，让我一步，尽早谈成多好。"宋经理不紧不慢地说："谈判桌上谈的是利益。虽然我也挺欣赏您的，但我不能因为面子损及公司的利益。"

周经理愕然，但谈判势必要往下继续，他不得不在劣势下达成了协议。

不要期望谈判对手对你的让步感恩戴德、永世不忘。在政言政，在商言商，我们要关注的是谈判的内容。所以，领导切勿受到对方容貌或行为的影响，轻易地做出让步。如果你想表达自己的善意，或让谈判氛围融洽，可以通过友善的言辞来做到这一点，而不是利益上的让步。要记住一点，如果没有与对方交换利益，那就千万不要轻易让步。

二、话太多，露了底

古话说，知己知彼，百战不殆。如何"知彼"，除了前期的资料了解以外，关键就是要认真听对方在谈判桌上的发言。令人遗憾的是，有些领导却管不住自己的嘴。不等对方设套，他一坐下来就滔滔不绝，暴露了自己的"底线"，掀了公司的"底牌"。这样，本方一开始就处于被动地位，对于谈判非常不利。

要知道，对于谈判高手来说，你不经意的话，都可能成为对方反击的把柄。此外，谈判不仅是说的过程，更需要耐心倾听，从中获取对方的最终意图和底线。

三、认为谈判就是击败对手而争强好胜

有些领导认为谈判就是击败对手，因此，把谈判对手当成仇敌，处处不让，非要争个你死我活。这种思考方式当然是错误的。想一想，即使你通过战胜对方一时得到了自己想要的，那么下一次对方还会和你合作吗？更不要妄想对方继续做出让步了。

辰星公司与鹏飞企业就某个采购项目进行谈判。

双方代表落座后，辰星公司的主谈判领导席总并未直接谈采购项目的重点问题，而是把话题转到鹏飞企业业绩下滑的问题上。席总一开始就挑衅道："欢迎鹏飞企业的各位来我们公司会谈。据了解，贵公司出现了严重的财务危机，经营状况每况愈下，相信如果我们这笔交易能做成，对贵公司的帮助极大，毕竟这么一大笔订单会使贵方的财务报表好看许多。"

鹏飞企业的 5 位谈判代表面有不悦，其中的主谈判代表方经理觉得对方可能想借此向自己施压，于是耐心地解释道："情况并非如此。"但是席总并不想听其解释，粗鲁地打断方经理的话，不依不饶地追问对方公司业绩下滑的原因。这让鹏飞公司的谈判代表们觉得席总毫无谈判诚意，分明是来挑衅的。

上午谈判毫无成果，甚至没有进入正题。午饭后，双方继续谈判。这次鹏飞企业以为对方的态度会有好转，不想席总又提出了一连串关于企业发展和投资的问题，跟采购一点儿关系也没有。听了一堆"难听话"，鹏飞企业的方经理实在忍无可忍，指责辰星公司毫无谈判诚意，愤而宣布退出谈判。

千方百计令对方难堪，逞口舌之能地与对方较量，大有"不把对方置于死地而不快"之势，有什么意义呢？正如一位谈判专家所说："老谋深算的谈判者在谈判桌上不会说出任何威胁之词，不发辱骂之言，因为二者都不能削弱对手的力量。相反，威胁会使对方更加谨慎，让谈判更加艰难；辱骂会增加对手的负面情绪，并使他们耿耿于怀。"因此，领导不应把谈判看成是一次雌雄的对决。

要知道，我们之所以谈判，是出于需要和利益的牵绊。你得到你想要的，对方得到他想要的，双方都感觉愉快，即为双赢。只有这样，日后的合作关系才能持续下去。所以，无论是合作性谈判，还是竞争性谈判，我们都应该营造融洽的谈判气氛。

四、接受对方的第一次报价

有些领导与对手谈判，看到对方的第一次报价在自己的可接受范围内，就按捺不住，急急忙忙地答应。这种作法是不可取的。

首先，对我们自己来说，虽然达到了预期目的，但若继续争取，可能获得更好的利益或优惠。从这个角度看，我们反而受到了损失。对于对手而言，你第一次就答应了，对方会怀疑自己的报价是否太低，从而想抬高报价。而且，他们并不会觉得自己有赢的感觉，反而会觉得自己的出价太失败了。切记，成功的谈判应该让每一方都是胜者。

当然，谈判的误区还有许多，有时候其中的一些小错误都可能让谈判的价值大打折扣。领导应该在每次谈判中适当规避，而且在谈判后要针对自己或对方的错误做出分析和总结，吸取教训。久而久之，领导干部的谈判水平就能提升。

【说话技巧】

坐在谈判桌旁，领导就要时刻牢记自己谈判的目的是什么。谈判的目的不是击败对方，不是避免冲突，而是为了争取最大的利益，所有的言论都要围绕这个主题展开。

2. 善用幽默，营造融洽的谈判气氛

谈判的氛围对谈判是否成功具有重要的意义。几乎在每次重要会议的报道中，我们都能听到记者这么说："会谈双方在诚挚友好的气氛中，就各自关心的问题交换了意见。"因此，为了创造有利于谈判的环境，领导必须要努力营造融洽的谈判气氛，而适当的幽默正是一大利器。

不少有经验的谈判专家认为，当谈判双方刚刚进门或在谈判桌前就座的一刹那，谈判的氛围就确定了。所以，最初的寒暄非常重要。如果此时沉默，那谈判者之后就必须用更多的努力去调整会谈氛围。

1943 年底，戴高乐将军领导的"战斗法兰西"借助英美的支持，军队迅速扩大到 40 万人，并将战争从非洲大陆延伸到意大利战场。但是，丘吉尔和戴高乐因叙利亚的问题而发生了分歧，为解决这一棘手难题，双方只有通过谈判解决。

当时，丘吉尔的法语讲得很糟，而戴高乐的英语却说得很流畅。谈判开始时，丘吉尔率先用法语说："女士们先去逛街，戴高乐将军和其他的先生与我去花园聊天。"然后，他又用英语，以大家都能听得见的声音对自己的大使达夫·库柏说："我用法语对付得不错吧，是不是？既然戴高乐将军英语说得那么好，他一定完全可以理解我的法语。"

话音未落，戴高乐和其他参会的人都哈哈大笑起来。接下来，所有人用友好、理解的态度听着丘吉尔用结结巴巴的法语发表评论。

丘吉尔先是以谁也想不到的幽默开场，起到了一种意外的转换效果。他接下来的幽默自嘲，更是让戴高乐和其随从们感受到了一种亲切感。可以说，这番无伤大雅的调侃，让原本紧张严肃的谈判气氛轻松了许多。

事实上，一旦大家从相互戒备的心理状态下解放出来，那注意力就不会再集中在胜负成败之争上，而是会转移到解决问题层面上。这样的话，谈判才能继续下去。当然，除了幽默，领导还可以从题外话入手，比如"还是生活在你们南方好啊，一年到头，温度都这么适宜"或"这次的会议地点选在海边，大家昨天有没有到处逛逛啊"。根据谈判时间、地点以及双方谈判人员的具体情况，说一些友好的题外话，会自然营造轻松的氛围。

除了在开场部分，幽默的另一作用发挥在双方因分歧而使谈判陷入僵局时。此时，谈判的氛围会变得剑拔弩张，更甚者一步就跨到了谈判破裂的边缘。因此，领导当下最紧要的任务不是继续争个"你死我活"，而是要尽快使紧张的谈判气氛缓和。幽默无疑是最好的调节剂。在会心一笑之际，谈判双方能重新看待争执，从而摆脱僵局。

　　一次，我国深圳蛇口工业区代表团与美国一家财团就引进新型浮法玻璃厂问题而进行谈判。谈判时，双方都在每年所付专利费占销售总数的百分比问题上寸利必争、各不相让，令谈判陷入了僵局。

　　这时，深圳蛇口工业区代表团的主谈判袁庚即席发言："先生们，我们的祖先在几千年前就发明了指南针和火药，全人类都在享受这些伟大的成果，可他们从没有要过什么专利。今天我们也没因此骂祖先是混蛋，反而觉得光荣。请问诸位，那时候你们的祖先在哪里？恐怕还在树上呢。各位请看自己的胸前，是否有特别多的毛。"美国人真的低头看自己的胸前，一个个咧嘴笑了。

　　袁庚接着说："不过，各位不要怕，我的意思不是不付专利费，而是要求公平合理！"

　　袁庚坦率、幽默的语言，折服了精明的美国商人，谈判重新显示出生机。最后双方达成协议，袁庚为工业区争取到相当有利的条件，为我国赚取了数千万美元的利益。

　　用幽默的言语去委婉的批评，能有效缓和双方的对立情绪。这样谈判对于领导来说，就不再是难以应付的难题了。而且，在不知不觉中，谈判桌上的形势会慢慢变得对你有利得多。

　　此外，谈判双方在平时见面、相互介绍、场下交易以及就某些题外话闲聊时一般使用礼节性的交际语言，但有时也可以适当地使用幽默诙谐的言辞。这种场外的和谐友好，在某种程度上会影响谈判当场的氛围。

　　总而言之，在谈判时，领导若能熟练运用幽默的技巧，就能创造出一种轻松和谐的氛围，从而在谈判中获得优势。

【说话技巧】

一旦会谈形成某种气氛，如冷淡紧张、松垮拖沓，就很难转变过来。正因为如此，领导更要尽量在谈判开始之初，就致力于形成友好、轻松的氛围。如果谈判气氛确实不佳，领导在中途要尽量运用幽默的力量对大局进行有效的调整。

3. 善用"黑脸——白脸"战术

亿万富翁休斯计划购买 34 架飞机，并且对其中最中意的 11 架势在必得。最初，休斯亲自和飞机厂商洽谈，谁知谈判僵持，休斯勃然大怒而去。并未死心的休斯找了一位代理人继续谈判，并告诉代理人只要能买到他最中意的 11 架就行。结果，代理人竟然将 34 架飞机都买到了。

休斯惊讶地问代理人是如何做到的，对方答道："很简单，每当陷入僵局，我就问'你们是希望和我谈，还是愿意请休斯本人来谈'，结果，飞机厂商只好说'算了，就按你的意思办吧'。"

上述这个故事包含着一种谈判战术，即"黑腔——白脸"战术。休斯无形中饰演了"黑脸"的角色，他的强硬僵死、勃然大怒，让飞机制造厂商生出"这个人不好惹"、"碰到这种人真是倒了八辈子的霉"、"真不想和他谈"等想法。而代理人唱的是"白脸"角色，扮演着一个温和的"好好先生"，让飞机制造厂商有一种"这个人相对好说话"的感觉，从而答应"好好先生"的诸多要求。关键的一点是，代理人在每遇僵局时，就巧妙地暗示若谈判无果那位不好说话的休斯就会登场。在这种情况下，对手不愿再与其交手而做出妥协。"黑脸"、"白脸"的扮演者通过软硬兼施、刚柔并济的战术，在无形中掌握了谈判对手的心，从而达到了自己的目的。

事实上，这种战术的好处是在对方不产生任何抵抗情绪的前提下，给对手压力，迫使他让步。在现实的商务、政治谈判中，这种策略很常见。

一般来说，使用"黑脸——白脸"谈判战术，需要两名谈判者相互配合。比如，你可以和你的同事合作，让他扮黑脸，出席第一轮谈判。然后你扮白脸，在下一轮谈判中攻克敌人。注意，两个人最好分开出现。若你们两个人一起出席的话，要是一个人给对方留下不良感受，必然会影响对手对另一个人的印象，这对第二轮谈判是不利的。

罗杰·道森是美国总统顾问、内阁高参、地产公司总裁、美国POWER 谈判协会创始人兼首席谈判家，可以说是最会谈判的人。

罗杰·道森任加利福尼亚某大型房地产公司总裁时，公司的一家分店一直在赔钱。赔钱的主因是，每月 1700 美元的租金几乎耗尽了这家分店的全部利润。

于是，罗杰·道森就给房东打电话，希望他能把房租降到 1400 美元每月。但是，房东说："合同签的是三年，你们必须继续照价租，我也没办法。"罗杰几乎用尽了谈判策略，但都未能让房东改变主意。

几个星期后，罗杰最终决定用"黑脸——白脸"战术。一天早上的 5 点 50 分，他给房东打电话，说："关于租约，毫无疑问我们必须按合同行事。可是现在出了一点问题。半个小时后，我就要和董事会碰面了，他们想让我问你是否愿意减少到每月 1400 美元。如果您不答应，他们就会让我违约关掉分店。"

房东气恼，称要诉诸法律。罗杰·道森说："我完全同意你的做法，而且支持你。问题是我必须向董事会交差。面对你的威胁，董事会的那些人通常是这么答复'好吧，让他告吧。这可是洛杉矶，即使他起诉，恐怕要两年时间才能立案'。"

房东沉默了一会，说："你愿意和他们交涉一下吗？我愿意把价格降到 1500 美元。"

在这里，罗杰·道森自己扮演白脸，并用"董事会"这一模糊的更高权威当作自己这方的"黑脸"。结果，在自己不惹怒房东的情况下，"董事会"给房东制造了巨大的压力，迫使对方做出了选择。

所以，在商务谈判中，如果你只有一个人，你就虚构一个"黑脸"出来，如挑剔的董事会、不好说话的上司、难以合作的工作搭档等。举个例子来说，若你是中层领导，可以这么告诉谈判对手，说："我很想和你们达成协议，促成生意上的合作，但我的老板不太满意。老板认为你们的报价太高了，他告诉我前天一家同类公司主动找到他，而且出价比你们低，他正在考虑。我觉得除非你们把价格再降些，否则生意就很难成了。"你和谈判方站在一个阵营里了吗？其实不是，你只是在扮"白脸"。

"黑脸——白脸"战术并不是什么时候都可以用的。如果是那种"可谈可不谈"的谈判，它就没有了用武之地。一般来讲，这样的战术常用在对方极欲从谈判中获得协议、有意借着谈判寻求问题的解决时，他们不会因为对第一个谈判者的印象欠佳而终止谈判。因此，在谈判前，你必须设法控制对方对谈判所持的态度，变"可谈可不谈"

为"非谈不可"。

谈判通常在自己的地盘上比较有利，但在使用"黑脸——白脸"战术时，却是在对方的地盘上谈判最佳。因为谈判是在对方的地盘进行的话，对方基于一种安全感，通常不会对"黑脸"的挑衅有过度的情绪化反应，从而更能善待第二名"白脸"谈判者。

当然，如果对方对你使用了这一战术，一个最简单的应对策略是，你不妨笑着告诉对方："哦，好了，你不是在和我玩'黑脸——白脸'战术吧？我建议你不要这样做。我们都想解决眼前的问题，为什么不想办法找到一个双赢的方法让双方都满意呢？"

【说话技巧】

使用"黑脸——白脸"的说话策略时，领导通常扮演"白脸"，言谈间要表达善意，表达对谈判对手意见的肯定或支持之后，再提出自己的条件或希望对方做的事情。

4. 别说"一切我做主"，聪明的领导懂得搬出"上司"

一些年轻的领导出去谈判时，常希望自己有权做最后的决定。因为他们认为自己未获得充分的授权，不能做决定，会影响谈判的成效。有些领导可能会坦率地对谈判对手说："我有决定权，一切我做主。"

说实话，在谈判桌上，无论是渴望索求授权还是宣布自己有决定权，都是不明智的做法。若对方知道你大权在握，是最后拍板的人，那对手只要千方百计说服你就能达成生意。此时，你站在谈判的被动位置，很有可能在对方的攻势下仓促做出错误的决定。

但是，想一想，要是你只有有限的权力，那么你就有回旋的余地。当对方逼着你答应你并不想答应的条件，或者你想寻求更丰厚的成果时，你完全可以告诉对方："我个人觉得贵方的条件不错，但我不能同意，因为我没有权力做出这个决定，我的上级领导才能拍板确定。"此时，情况就变了，对方成为被动方，只能通过提出更优厚的条件来说服你，并希望通过你去说服你的领导接受。这样的话，你就能从容地和对手交锋，并获得优势。可以说，有限的授权可以让你的谈判变得相对轻松。

著名谈判大师罗杰·道森非常擅长运用"上级领导"的策略。

当时，他是一家房地产公司的总裁。他总是把广告、照相复制机、电脑等推销商请进门，并商讨出最低价。但是，他并不签合同。此时，他说："我觉得很不错。不过，我确实还要和董事会商量一下，明天我把最后结果告诉你们。"第二天，罗杰这么说："董事会那些人真难对付，我以为昨天那个价格就能让他们满意，谁知，他们竟然表示除非你能再降200美元，他们才点头。"很自然地，罗杰如愿以偿了。

事实上，罗杰·道森并不需要董事会的首肯，他也不会真的事事都去和董事会商量。罗杰这样做，不过是通过董事会的名头向谈判对象施压，并同时削弱自己受到的决策压力。

在日常的商务谈判中，买家常用这条策略，尤其是当谈判进入最后阶段，希望迫使对方降价，从而得到更多利益时。你可以这么说：

"对于这个报价，我还需要取得总裁和董事会的同意，明天中午通知您最后决定。不过，请容我坦率地说，贵方的报价竞争力不大，因为董事会那里还有一些更低的价格等他们点头。假如贵方能够再让 3% 的利润，达成交易的希望就很大了。"尽管卖方在整个过程中都表现得比较强势，但从情理上来说，他们并不希望在最后关头因拒绝让一步而让谈判破裂。所以，他们最终都会放弃立场，适当退让。

而且，以支持对方的口吻表达还需要请示领导之意，这样虽然让对方不得不做出让步，但对方反而会感激你，双方的合作有望得到延续。此外，当双方基本达成一致时，通过请示领导的空当，你可以再次查询竞争者的报价或者市场行情，从而再做出更有利的决断。可以说，这一方法对谈判成功非常重要。

领导具体如何使用"请示上级领导"这一方法呢？

一、衡量谈判是否适用

使用这一说话术需要一定的前提条件。如果你的产品或服务不能引起对方的兴趣，那就不适用。相反，如果你的产品或服务有优势，如独一无二或价位超低，对方急于同你做生意，那就可在谈判时使用。使用本策略时有一定的风险，如果你能承受谈判破裂的后果，对方的退出不会造成你的任何损失，那就可以大胆地用。最佳的运用时机是对方不具备行业知识或没有自信，此时出击必中。

二、如何定位你所谓的"上级领导"

除非你所谓的上级是对方不可能面见或接触的人，否则说出做决定的权力人是不明智的。试想，当你告诉对方："决定权在总经理那里。"那么，对方的第一个想法必然是如何找到总经理进行谈判。这时对方要求和你的总经理谈，你又能怎么办呢？所以，为了避免上述情况，我们应把"上级领导"定位为谈判方难以接触的、虚拟的或模糊的"实体"。如，董事会、委员会、营销部的几位经理或者董事会的几位主要成员。

有些领导可能担忧自己是家小公司的老板，别人都知道我就是老板，没有什么上级需要我请示。这不就意味着我不能使用这一策略？其实不然。要知道，一个老板也不可能了解公司每个部门的情况，所以不能忽视部门负责人的意见或价值，当你把这个观念传达给对方时，相信对方也会接受。

而且，你也可以"请示"下属。比如，一家度假中心极力希望您的公司到他们的中心活动，并提出了优厚的条件，这时，你可以说："这主意不错，我都心动了。不过我得问问我的员工们是否对你的度假中心感兴趣。我可不想做个独裁的老板，这你一定理解。我周一给你答复好吗？"下属的意见在关键时刻很重要，只要你能说得合情合理，令对方信服就可以了。

当然，如果我们的谈判对手要采用这一策略，领导应该如何应对呢？最好的办法是在谈判之前就打消对方的念头，迫使对方立即作出决定。你可以在谈判前询问对方的授权范围或管理级别，有无做最终决定的权力。如果对方没有决定权，那么你就要求和对方的负责人谈判。如果有，你可以直接说："如果我今天满足了你的要求，你能不能也在今天做出决定？"这种施压会让对方必须在条件满足时做决定。

总而言之，"请示上级领导"的说话术是简单有效的。领导有针对性地使用，就能迫使对手做出更大的让步。

【说话技巧】

谈判的时候不要太顾及面子。生意就是生意，重要的是谈判结果，不要因为顾及面子而丢掉谈判的优势。

5. 领导的适度沉默也是锐利的武器

伶牙俐齿的人并不一定是谈判高手。在谈判中，恰到好处的沉默，反而能起到"此时无声胜有声"的作用。甚至，沉默能成为领导在谈判中可以利用的一件武器。

为何适时沉默具有这样的作用呢？

首先，在谈判中多说无益，沉默能最少限度地暴露自己的底牌。

谈判是要在有限的时间内解决双方的问题，应具有实效性。一些领导在谈判时口若悬河、妙语连珠，总能以绝对优势压倒对方。但是，谈判结束后，他就会发现自己并没有得到多少，反而是对方赢了。

其实，造成这一结果的原因是我们之前所说的"话越多，越露底"。你不经意的话，都可能被对方抓住弱点，成为对方反击的把柄。更重要的是，话说得太多，越显示出你的需要。如渴望达成协议，或愿意为了达到目标而出高价，或者为获得低价格而同意放弃附加优惠等信息，都会因为你的"多话"而表现出来。只要对方看穿了你的需要，那你就丧失了主动权，没有什么讨价还价的余地了。

有句话说得好，"沉默是谁也猜不透的语言"。当你在适当的时候保持沉默，对方就无法探查到你的底线。他只有不断地暴露自己的底线来测试你的需求。而此时你就掌握了主动权，就能从对方的言辞中发掘信息，挖掘对方的底牌。这样，领导就能掌控谈判的发展。

某工厂的老板想要处理厂内的一批旧机器。他估算了这批机器价格，并决定售价绝不能低于 50 万美元。

不久，一位买主来洽谈。这位买主仔细查看了这批机器，然后在谈判桌上滔滔不绝地评讲这些机器的各种缺点。而这位老板从头到尾都不说话，任凭买家发言。

最后，买主停止了批评，他看着工厂老板，突然说了一句话："我最多出 80 万美元购买它们，再多我就不要了。"结果，工厂老板幸运地多赚了 30 万美元。

在这里，沉默让整个谈判变得严肃，沉默的一方给对方造成了极大的心理压力。买主面临这种状况，自然沉不住气。这时他没有办法冷静考虑自己的处境和地位，也没有想好打破沉默的策略。因而，他就只能不断发言，提出价格建议，以至于让工厂老板获得了优势。

在谈判时，对一个问题，倘若你和谈判对方都有解决方案，你的方案是已知的，如果你还没弄清楚对方的方案或报价，那你最好不要轻易表态。此时，沉默就能帮你最大限度地掩饰底牌。

其次，沉默能让对方让步。

谈判对手会不断试探你的底价，还会迫使你说出具体的数字。这个时候，领导若能沉住气，反问对方："还是你们说出一个更合适的价格吧？"然后，你就用十足的耐心，保持沉默，一个字都不说。那会怎样呢？

对一个外向的人来说，待在会议室就是煎熬。如果你能坚持住，而对方没有忍受住，那么他就会说："好吧，我再让步5％，这是最后的让步。如果你不同意，那么现在就终止谈判。"事情就是这么简单。沉默能迫使对方让步，让看似没有结果的交易突然就柳暗花明了。

所以，当你提出一个诚恳的建议，而对方却不同意，或者给了你一个不完全的答案时，你应该等下去，并用沉默给对方压力。对方会感觉到由于他的不同意使谈判陷入了僵局。因此，他会下意识地回应你的建议或者提出新的替代建议来打破僵局。

最后，沉默能帮你收集到足够多的信息。

当你滔滔不绝的时候，你的注意力并没有在对方身上。那么，你就无法探究对方对你说的内容作何反应。很有可能，当你报出一个价格时，对方就已经心动了，而你却没有发现。也可能，对方言辞间担忧的是产品的质量，而你就没有意识到，反而一味地强调价格优势。

保持沉默时，你就能发挥倾听的作用。在一定的语境中，沉默能迅速消除言语传递中的种种障碍，使领导的注意力集中，从而从对方的言辞表现中发现谈判方的需求，找到促成谈判成功的关键点。

综合上述三点，可以说，沉默无疑在谈判中发挥了重大的作用。但是要用好沉默，并不是一件容易的事情。

领导要明确一点，沉默并非完全一言不发，而是说领导应该尽量避免对谈判的实质问题、关键问题率先表态，这么做目的是逼迫对方暴露出底线。而且，无缘由的沉默往往是没有诚意的表现。因此，在我们沉默前，一定要找到合理的理由，比如，假装不理解对方对某个问题的陈述，或假装对对方的不礼貌的行为抗议不满。日本一家公司曾在和美国某企业谈判时，活用了这一招。第一轮谈判时，日方代表团表示对美方的产品不理解，于是美方不得不详细解说。第二轮谈判时，日方换了谈判团成员，再次要求美方讲解。而日方不发言只是低头记笔记。如此三次，日方把美方的意图了解得一清二楚，而美方对日方的态度一无所知，结果可想而知。

在具体使用时，领导提出问题沉默后，除非对方让步，否则，不要继续提出其他问题或评论对方。在使用沉默策略时，领导要注意礼貌问题。对一个兴致勃勃讲述的人来说，你极不耐烦或无动于衷都是不礼貌的表现。此时，不时端起茶杯，或不时看表，都能让对方意识到你在反对，他们就会终止谈话。

总而言之，适度的沉默不仅可以增强语言的效果，更可以用来向谈判对手施压，逼其让步。掌握这一语言方式，就能为领导赢得谈判的主动权增添了更多胜算。

【说话技巧】

沉默谈判法是以沉默的方式来使谈判气氛降温，以向对方施加心理压力的谈判手法。这里所说的沉默并不是"不说话"，而是要领导展现出一种胸有成竹、沉着冷静的姿态，以迫使对方先亮出自己的底牌。

6. 该出手时就出手，委婉拒绝巧说"不"

一些领导总是试图避免谈判的冲突，尽力配合对手提出的条件，以希望谈判合作能顺利。可是这就能促使谈判走向按你的意愿发展吗？

中国台湾地区最大的出版集团城邦的 CEO 何飞鹏先生以自己的亲身经历告诉了我们一个事实：你无法用退让与忍耐得到对方的尊敬与合作。

原来，何飞鹏先生曾与一家跨国集团企业谈判，议题是出版一本世界级刊物的中文版。对方的要求非常严苛，但何先生的合作意愿很明显，对对方提出的条件多数赞同，甚至主动提高了授权金。然而，在谈判最后的签约阶段，何飞鹏先生却发现对方的制式合约上充满了大企业的傲慢，过多的限制性细节根本无法让何先生展开工作。

何飞鹏先生心平气和地与对方沟通，但却发现对方根本不理解自己的困难。几经忍耐，何先生告诉对方自己放弃了。万万没想到峰回路转，对方同意回去研究，最终真的按照何先生的意愿顺利完成了签约。由此，何先生明白了谈判中拒绝的巨大力量。

忍耐和退让并不能为你带来好运。正如世界顶尖的谈判专家吉姆·坎普所说的，成功的谈判者必须懂得说"不"。因为说"不"能够阻断谈判对手以自我为中心的陈述，使谈判氛围更加明晰；说"不"能拒绝不合理的要求，避免不必要的妥协和退让，维护自己的利益；说"不"才能迫使对方思考你的意见或建议。

说"不"有时是谈判的必然需求。但在说"不"时，如果板起脸来，态度生硬，那就难免得罪谈判对手，导致谈判僵局。优秀的领导要懂得谈判中拒绝的艺术。

找到合理理由直接否定

所谓拒绝并不是要我们用"不"这个具有强烈对抗色彩的字眼，毫无疑问，这样生硬的拒绝会破坏谈判的气氛。我们要做的是，找到好的理由，在保持良好氛围的前提下，将拒绝的意思表达得更直接。

举个例子来说，当谈判对手希望你提出更优惠的政策，而你实在承担不起时，便可以告诉对方"不开先例"。一般情况下，对手很难真正掌握回绝他的真实情报，也没法证实你所说话语的真实性。所以，只好就此罢手。以"不开先例"来表达拒绝的另一个好处是，显示出你的拒绝是由客观原因造成的，是对事不对人的。这就减弱了拒绝的对抗性。

当然，如果对手对你方的情况了解得非常细致，而你方确实有开过先例，那就要换用其他的理由。一般来说，拒绝的理由大多有以下几种：本方公司的政策禁止、无法得到更详细的资料或数据、为防止商业泄密而不能提供关键数据等。比如，领导可以这么说："除非我们采用劣质原料使生产成本降低30%，否则无法满足你们的价位。"这是在暗示对方所提的要求是可望而不可即的，从而表达拒绝之意。领导也可以运用法律、制度此类无法变通的客观限制，说"如果法律允许的话，我们同意"或"如果物价部门首肯，我们无异议"等。

委婉拒绝的方式，既拒绝了对方的不合理要求，也不损伤谈判双方的感情或影响谈判氛围。

假如你与谈判对手之前相处得很愉快，那就可以在对方没有说出请求之前，先亮出丑话，让对方免开口。领导可以这么说："我和您自谈判开始，一直相谈甚欢，在某些我可让的地方我都做出了让步，这您也知道。因此，如果您下面还要在价格或账期上要我让步，请不要开口。我不希望破坏我们好不容易建立起来的感情。"如果领导觉得仅仅依靠以理服人会激怒对方，那么可以在自己的能力或权力范围内，给予对方一些优惠、安抚和补偿。比如，你可以说："这个交货时间和价位是不能再改变了。这样吧，为了支持你们的工作，我们会提供一系列政策上的便利，你看怎么样？"

以幽默来拒绝往往是一条妙计

当无法满足对方提出的不合理要求时，你可以用幽默的话语表达，让对方听出弦外之音。

某日化企业的产品经理与一家大型超市的采购经理就某款洗发水的采购项目进行谈判。谈判时，采购经理就抽检中发现有分量不足的产品一事为切入口，要求日化企业在价格上做出让步。

日化企业的经理笑着说："美国一家生产降落伞的军工厂的产品不合格率为万分之一。军方觉得一万名士兵中将会有一人因降落伞的质量而牺牲是不能接受的事情，因此，他们提出要让军工厂的负责人亲自跳伞，结果该厂的产品合格率达到了百分之百。如果你们提货后，发现了那瓶分量不足的洗发水就送还给我，毕竟这是我和公司的负责人自公司成立以来首次使用免费洗发水的好机会。"

用幽默诙谐的语言拒绝，避免了对方的难堪，减弱了对方遭拒的不愉快感，还充分阐释了拒绝的理由，可谓一举三得。

如果本方的产品在市场上没有知名度，或者对手总是拿行业的另一品牌做对比，试图压低价格或获得其他优惠。此时，领导可以根据对方的意见找出彼此都同意的内容进行肯定，然后再借势表达不同的看法。比如，面对谈判对手的质疑，你可以坦率地说："是的，我们的品牌在行业里并不知名，因为我们将大部分资金用在研发上了，所以生产出来的产品新颖时尚、质量优良，上市以来很受顾客欢迎，市场前景广被看好。"这样对方就难以往下继续还价了。

在拒绝对方的时候，我们的情绪是消极的还是乐观的都会影响到对方。因此，领导要尽量避免悲观地拒绝，把"不"有效地传递出去。

总而言之，领导要想成为聪明的谈判高手，就不能害怕冲突。勇敢说"不"，这是迈向谈判成功的重要一步。

【说话技巧】

每个参与谈判的人都希望双方在谈判桌上高效、顺利地进行谈判，但谈判时双方利益冲突太多，彼此不满意的情况也是不可避免的。因此，对于对方提出的不合理条件，领导要大胆地说"不"。

7. 领导应掌握的谈判问答应对技巧

谈判是双方为了满足各自的需要而进行沟通、协商、妥协、合作等活动过程。在这一过程中，领导的口才往往能影响着谈判是否能顺利、僵局是否都能打破、谁占据优势等问题。因此，领导应掌握一些重要的谈判问答与应对的技巧。

谈判时，我们想探听对方的看法、底价或心理，都要借助提问来实现。提问可谓是谈判中常采用的语言表达方式。领导若能提问问得巧，就能使自己获得更多的信息，处于主动位置，并有效控制话题和引导对方的思路。

提问并非那么简单容易，同一个问题通过不同的提问方式，就可能得到两种截然不同的结果。

大多数人都听过这样一个故事：一个人在做礼拜时，犯了烟瘾，他问主教："我可以在祈祷时抽烟吗？"主教斥责了他。一会儿，另一个人也犯了烟瘾，但他是这么问的："我吸烟时可以祈祷吗？"主教微笑着同意了。

领导应该学习如何有技巧性地提问。提问首先要明确提问的内容，即说清楚你想问什么。比如，你问："贵方是如何计算运费的？是按每吨计算，还是按交易的次数结算？"越是用语准确、简练，越可以让人做出明确的回答。问话的措辞很重要，如果话语中有挫伤对方自尊、为难对手的意思，或者表现得过于咄咄逼人，那就会产生反效果。一般来说，在对方发言结束后和自己发言前提问是非常好的时机，这样能及时了解信息，为接下来谈论自己的看法做好铺垫。

这里重点强调的是提问形式。通常，提问的形式常用限制型、假设型、计划型、反问型几种。

限制型提问的目的性很强，如"时尚或朴素，您喜欢哪种风格？""账期 30 天或账期 45 天，哪一个贵方觉得更合适？"这种提问方式能有意识地让对方在所限范围内做出回答，帮助我们获得更为理想的答案。

如果领导想知道对方的看法或对某事的评价，最好提出开放型的问题。这类问题不能用"是"或"否"简单回答，如"马总，您公司业务规模这么大，一定经常跟我们保险公司打交道吧？你对之前的合作伙伴的评价如何？"这样问，对方必然要说出个所以然来，我们自然就能从对方的回答中看出其关注的焦点。

在谈判过程中，我们常要提出一些试探性的问题，这就需要假设，如"如果我们把价格降低到 55 美元，贵方是否会重新考虑？会做出哪些相应的让步？"可以说，找准提问形式，往往能探听到你想要的信息。

有问就有答。但是如何答，往往决定着领导在整个谈判中的地位。那怎样作答才能避免被谈判对手牵着鼻子走呢？

在回答对方问题之前，我们要揣摩对方的心理：对方是要探问底线，还是想确定我们的态度，是想从我的回答中挖掘什么呢？或者对方故意反问，是故意威胁，还是只是气头上的态度不佳呢？有针对性地回答能帮助你避免暴露出更多的"需求"。在回答时，不要彻底、确切地回答对方的问题。因为过于详细的回答往往没有给自己留后路，若对方针锋相对，就等于搬起石头砸了自己的脚。有些问题若明确回答，优势就会被对方占据，此时领导可以模糊化，采用模棱两可的方式。若对方穷追猛打，我们应该找借口降低提问者的兴趣或者拖延答复的时间。

此外，在谈判桌上，我们会遇到各种各样的对手，甚至是谈判高手。要战胜他们，最好的办法是先对对手进行了解，在谈判时有针对性地应对。

爱面子的对手，是最好对付的，原则是不伤及对方的面子。友善接待、奉上礼物，加上真诚的赞美，必然能让谈判氛围融洽。

个性坦率的谈判对手，总能直接表现出真挚热烈的情绪，并精于用坦率的态度获得最直接的利益。在谈判时，他们往往几句话就把谈判引入了实质阶段。对付这样的对手，我们要显示出热情和谈判的真诚，但不可随之而起舞。善用适时沉默的谈判策略能起到掌握主动权的作用。

我们可以轻易地从暴躁的对手那里获得信息，但冷静的对手则像是一堵令人看不透的墙。他们个性沉默，从不主动，陈述时条理明晰，没有破绽，且擅长提问。与他们谈判时，我们一定要有耐性，不能暴躁，否则就中计了。对他们坦诚、认真，且冷静地应对是最佳的战略。

死板的对手有点完美主义的倾向。他们会明确地告诉你希望做成交易，然后确定了交易的形式、谈判的每一个议题和报价表中的价格，且讨价还价的余地非常小。与这样的人谈判，你若没有事先做足准备，在谈判时没有找到对方的遗漏点先行出击，就必然会被打得毫无招架之力。

注意，即便对方是公认的谈判高手，领导也不要在气势上输给对方。你若承认自己是弱者，则是先输了自己。不要被对方的头衔、身份、地位、态度吓倒，不要假定他们了解你的弱点，而要按照你的准备进行谈判。对方既然坐在谈判桌上，那他的目的就是从谈判中获得利益。

【说话技巧】

谈判离不开说服。要想让对手改变初衷，我们需要多次强调与对方立场、观点、期望的一致，从而提高对方的认知程度与接纳程度。

第七章
演讲口才，讲出你的领导威信

　　领导或因工作需要，或因交际需要，难免要上台演讲。一场精彩的演讲能感召他人、征服他人。但演讲可不是一件容易的事情，演讲若索然无味，会引起听众的厌烦和反感。演讲水平反映着一个人的综合素质的高低，因而领导必须注重修炼这一技能。

1. 消除恐惧，当众演讲是最好的锻炼机会

登台演讲，你恐惧吗？

如果你在演讲时出现紧张、害怕等情况，不要担心，事实上几乎所有的大师级演讲家在最初上台演讲时都需要经历这些过程。作家马克·吐温第一次公开场合演说时，形容自己嘴里好像塞满了棉花，脉搏快得像争夺赛跑奖杯；政治家路易·乔治坦诚自己首次公开演讲时，舌头抵在嘴的上颚，不能说出一个字；国际工人运动女活动家蔡特金说，自己一上台，那些要讲的话就从脑子里全溜走了……

恐惧演讲的领导可能会如英国的首相狄斯瑞利一样自暴自弃地想："我宁愿去带兵打仗，也不愿意去演讲。"但是，要知道，身为领导，逃避当众演讲是不可能的。领导若没有先天的演讲才能，可以通过后天培养得来。幸运的是，据已知信息，大多数成功、知名的演讲家都是在多次的实践之后，才成为不惧演讲的雄辩之才的。

如何克服当众演讲的恐惧心理和怯场情绪呢？

首先，要做好心理准备工作。也就是说要接纳自己的恐惧，进行情绪疏导，建立自信意识。

美国心理学家曾对3000人做过心理测验，结果发现，40%左右的人最担心且最痛苦的就是在大庭广众下演讲，而死亡只排在人们担忧榜的第6名。所以，你没必要为自己因当众讲话恐惧紧张而感到羞耻。其实面对自己的内心，承认这种恐惧是有益的。

承认和接受自己的恐惧和紧张的心理后，领导要做的就是克服它们。众所周知，紧张、恐惧都是情绪。因此，你可以买一本情绪管理方面的书看一看，进行调节。当然，如果需要也可以在专家的指导下进行。美国著名沟通大师戴尔·卡耐基在总结他从事演讲教学生涯的体会时说："我几乎一生都在致力于协助人们如何去消除恐惧、培养勇气和自信心。"我们不提倡"没脸没皮、所向无敌，单纯的鼓励出丑"的做法，了解你的情绪并疏导才能从根源上解决问题。

破除消极的情绪，接下来就要营造积极的心理。你可以通过对自己的演讲内容明白自己的演讲将对听众有意义来增强自己的信心。如果你有过成功的演讲经历，可以通过反复回想当时的情景，使自己产生"一定能获胜"的信心，增强自己当众演讲的勇气。

其次，让自己的身体和精神保持最佳的状态。

身体的状态与心理、情绪是相互关联的。一个最佳状态的身体和精神能增强领导的信心。

1960 年，肯尼迪与尼克松为竞争总统首次进行电视辩论。当时，大多数的评论员认为当了多年副总统、政治经验丰富的尼克松比初出茅庐的肯尼迪要更有胜算。但是，电视辩论结束后，民调数据却清楚地显示，人们大都趋向于支持肯尼迪获胜。

原来，肯尼迪事先就对电视辩论做了周密的筹划，并反复练习。在辩论演讲的前几天，他甚至特地到加利福尼亚海滩晒太阳，松弛精神，养精蓄锐，准备以最佳的状态去应对这场硬仗。结果，演讲当天，肯尼迪看上去精神抖擞，神采奕奕，轻松自若。而尼克松呢？他并未对电视演讲做出有针对性的准备，加上之前连日工作，无论在身体上还是精神上都极为疲惫，因此在演讲时，就显得精神疲惫，声嘶力竭，自信受到重挫。

所以说，有备而来是成功演讲不可或缺的因素。你准备好了丰富有意义的演讲稿，且充分熟知自己的讲稿，那自信自然多一份。如果能在此基础上，以一个最佳的精神风貌去登台，那也有助于增强信心，减弱恐惧。所以，尝试获得足够的睡眠，尽可能好好休息，在演讲前不要吃太多，穿上自己最喜爱的衣服等，都会为成功的演讲增光添彩。

最后，利用一切机会积极地练习和实践。

没有一个人是天生的钢琴家，人们必须学会如何弹钢琴，并多次在公开场合优雅地演奏，才能达到最佳的状态。

同样的道理，练习、练习、再练习，实际上是一种系统脱敏，可以让你消除对演讲的恐惧，不断提高自信心。所以，在平时我们要用充足的时间组织材料，练习演讲口才。领导可以先在培训课堂上、家人面前锻炼，再逐步扩大到陌生人等社交小范围，然后逐步扩大范围，到不同情境中不断地锻炼自己。

更重要的是，身为领导，我们要抓住一切面对听众的机会。另外，在演讲结束后，领导自己可以通过之前的录像或者下属的反应来不断反省以改正演讲中的不足。

循序渐进地做到上述几步，相信假以时日，领导就能克服恐惧，轻松自若地当众演讲了。

【说话技巧】

诗人是天生的，演讲家却是通过后天努力去实现的。若要成为演讲高手，领导要从克服恐惧开始。而克服恐惧，则需要领导在承认恐惧存在的基础上不断地实践练习。

2. 制造悬念，吸引听众的耳朵

登台演讲时，领导一来到听众面前，就很自然地引起了听众的注意。不过，要在这之后的 5 分钟内都让听众持续关注你，并不容易。事实是，一旦你失去了听众的注意力，那你的演讲就很难获得成功。

那如何让听众持续关注你呢？美国西北大学的校长林·哈罗德·胡佛在演讲方面有着丰富的经验。他曾根据自己丰富的经验说过："演讲中最重要的是可以讲出一段引人注意的开场白，能够立即抓住听众的注意力。"是的，要想让你的演讲引发众人的思考，说服他人，你说的第一句话就必须可以抓住听众的耳朵。

第一次世界大战时，德国准备秘密进攻美国，而同时美国也准备向德国开战。美国总统威尔逊是如何就这一重大问题向国会做演说的呢？

威尔逊只用了短短二十几个词语就明确了他的主题，并立刻吸引了所有国会议员对该问题的注意力。他说："我们的外交关系中，已经出现了一种特别紧迫的情况，我有责任对各位坦白相告。"

演讲开始前几秒，听众的脑海里还是一片空白。其中不少人会对演讲的领导怀有好奇心，这些都是增强你说服力的最佳机会。直接说出重点，能立刻吸引听众的注意，带领听众和你一起思考。

纵观众多经典的演讲，最佳激发听众兴趣的技巧就是制造悬念。

众所周知，每个人都有好奇的天性。一旦对某事怀有好奇心，就非得探明个究竟。而且，急于知道后续的听众，还会在脑子里想："这是要讲什么？为什么会这样？真的是这样吗……"无形中，悬念就带动着听众跟随演讲者一起去发掘真相。

鲍威尔·希利先生曾在费城一家运动俱乐部做演讲。他是这么开场的。

有一年，伦敦出版了一本讲述一段故事的小说。它注定了要名垂青史。许多人称这部小说为"举世最伟大的一本小说"。这本书刚一问世，便引起轰动，朋友们相互碰面时，总会彼此相问："你读过它了吗？"人们回答竟如此一致："是的，我已经读了。"

这部小说上市的第一天就卖出了 1000 本。到了第二个星期，需求量便达到 1.5 万本。从那以后，它又经过无数次地再版，并且翻译成世界上各国的文字。数年前，摩根以极高的价格购得该书的原稿。它现在正与许多无价珍宝一样被安置于他那庄严而又伟岸的艺术馆中。这本举世闻名，而且充满震撼力的小说究竟是什么呢？

听到这里，相信我们每个人都会产生好奇。你可能会问："这到底是一本什么书？作者是谁？讲述了什么故事？为什么人们都这么喜欢看？"其实，此时你的注意力已经被鲍威尔·希利先生精彩的开场白完全吸引住了。而且，随着鲍威尔先生的叙述，你的兴趣在不断提高。这就是高明的演讲者以制造悬念的方式抓住了你的心。当然后来他也告诉了听众们这本小说是作家查尔斯·狄更斯的《圣诞颂歌》。

许多著名的演讲大家都非常善用制造悬念来吸引人们的好奇心。

罗威尔·托马斯是一位非常著名的演说家、新闻分析家及电影制片人。他在讲劳伦斯上校的事迹的演讲时如此说："一天，我在耶路撒冷的街道上漫步，忽然遇见一名男子。他身着华丽的东方君主袍服，腰间挂着一柄金质弯刀。但是，从这个男子的外貌上看，他一点也不像阿拉伯人，因为他的眼睛不是阿拉伯人那样的黑色或棕色，而是蓝色的……"这一叙述把人们融入当时的情境，每个人都急于知道：这个人究竟是谁？为什么他要这么打扮？故事后来怎么样了？

好的悬念不仅能够使演讲者成为听众注目的中心，更能够活跃现场气氛，激发听众聆听并参与的兴趣。即便此时演讲已经冷场，领导也完全可以通过制造一两个悬念来重新吸引听众的注意。

如何制造悬念是一个问题。大多数领导只会按部就班地讲一些枯燥无趣的话。比如，某个领导讲述自己的母亲带着三个嗷嗷待哺的幼儿奋斗求生的事情时，这样说："30年前，我母亲新寡，有三个孩子要养育，却身无分文……"这种就像写记叙文一样的开场，很难让人继续听下去。还有一些领导上来就枯燥地说理："同志们，坚持就是胜利……"

要制造悬念感，让人好奇，领导就不要以绪言的方式开场，而要直接选取故事的高潮，带着听众一下子"跳入"演讲的重点。

《我如何在销售行业中奋起成功》一书的作者弗兰克·华杰能够在一句话里就制造悬念。他的开头一不讲道、二不训话、三不说教、四无概论，而且非常绝妙。

一次，他在演说"热心"的作用时，这么开场："在我开始成为职业棒球选手后不久，我遭遇到一生中令我最震惊的一件事情。"一个"震惊"，就吊起了听众的心。人人都表露出想听下文的神色。

正如某位杂志创始人所说："一篇好的杂志文章，就是一连串的惊吓。"同样的道理，有时，惊吓也能引起观众的好奇心和注意力。

但是，领导要注意，制造悬念不是故弄玄虚，不能过分夸张，要和演讲的主题紧密相关。而且，它既不能频频使用，也不能悬而不解。在适当的时候，领导应解开悬念，使听众的好奇心得到满足，同时也要使前后内容互相照应，让演讲浑然一体。

每位有志于提升演说口才的领导，都应该学学鲍威尔·希利可以立即抓住读者兴趣的技巧。用制造悬念来开场，它的效果胜过你研究那些大部头的演说稿全集。

【说话技巧】

演讲者只要捕捉到了听众的心理，采用各种诱人的方式来开头，就不难在讲第一句话时就使听众的耳朵都竖起来。

3. 善用互动法，让听众参与到你的演讲中

演讲是一种有演有讲的活动，但并不是演讲者的独角戏。我们的目的是感召他人，单单靠言辞有时候是不够的。《富有幽默感的作文和说话》的作者巴西.H·怀汀认为："如果你用背诵讲稿的方式去演讲，则所得到的听众反应一定不会强烈。你应该把听众当成与你有共同事业的合作伙伴。"也就是说，如果领导能够运用戏剧舞台的表现技巧，让听众参与到演说中，甚至让他们"扮演"其中的某个角色，

就能提高听众对演讲主题的兴趣，提升演讲的说服力。

　　一般而言，演讲者常用引导听众参与互动的方法向听众提问，请听众举手回答。巴西·**H**·怀汀一再强调："要让听众直接参与表决，或让听众帮助你解决问题。"

　　比如，你演讲的主题是"谁夺走了我们的快乐"时，你可以这么问："大家当中的多少人，觉得自己很难快乐起来？是不是每天都感到疲倦、厌烦，找不到生活的意义？"当听众开始就他感兴趣的某个点思考，举起手来，并张望四周还有谁和他一样举手时，听众就与演讲者成功地实现了互动。举手之后，领导还可以继续与听众互动。你看到一半人都举起了手，你可以指出一个听众，问："您举手，说明您也同大家一样有这样的体会。您能举个例子讲一讲吗？"

　　如果演讲的领导一开口就说："这里有多少人相信找工作一定要专业对口？请举手。"这样突兀的一问，听众可能还没反应过来，参与度大大降低。领导在提出问题之前，应先给听众一点提示，告诉对方你希望它们怎么做。举个例子，你可以这么说："我想请各位举手回答一个对我们而言十分重要的问题：'有多少人曾参与过商场的积分换购活动？'"这样问就能让听众在作答前有一定的心理准备。

　　在演讲时展示物品让人们看清它，是最简单的引发人们关注的方法。如果领导懂得运用展示物品的这一方法，那么在最严谨的听众面前，也能产生巨大的效果。

　　在一次演说时，演讲家艾利斯先生一开始就以拇指和食指捏住一枚硬币，将它高高举起。当时，在场的每一位听众很自然地都朝他望去。

　　然后，艾利斯先生问道："有没有人在人行道上捡到像这样的一枚硬币？这枚硬币不是一枚普通的硬币，因为它上面写道‘凡捡到这种硬币的幸运者，将可在各类房地产开发上获得许多减免优待。你只需把这枚硬币交给主办的公司即可’。"听众非常感兴趣，而艾利斯先生接着便强烈批评与谴责这种荒唐及不道德的行为。

　　在这里，艾利斯先生不仅通过展示物品让听众参与进来，他还通过提出问题，让观众和他一起思考合作。

　　在说明某些抽象枯燥的哲理或规定时，使用道具，不仅能让听众有参与感，还能起到形象说明论题的作用。一位演讲家想要说明从踩刹车到车子完全停止之间的行车距离，于是他拿出了一把卷尺，然后请一位坐在第一排的听众站起来，协助他说明车距与车速的关系。那名听众拿着卷尺，配合演讲者的分析时而前进时而后退。演说活跃了起来，下面的听众也深刻记住了演说所要表达的论点。

　　除了上述特定道具，演讲者还可以利用演讲设备，比如投影仪、白板、话筒等。有时候，与主题相关的一些照片、报刊、书画等都能在台上台下起到互动的作用。

　　在一些非严肃的演讲中，领导为了增强大家的兴趣，可以适当地将一些小游戏穿插到演讲过程中，从而引发现场的高潮。比如，在演说谣言是怎么传播的时候，领导可以请一些听众上台，讲明规则，然后开始表演。当然，领导要有一定的控场能力，否则，游戏不成功，演讲反而变得没有意义了。

　　与听众互动的另一个经典环节是在演讲结束后请观众提问。现在一般人演讲后通常一总结就结束了，他们可能以"没有时间"，或者"若没听众来问问题很尴尬"等理由省略这一个环节。其实，站在增强说服力的角度来说，听众提问很重要。

174

在使用互动方法时，要充分调动听众。这有一个要求：了解和掌握听众。如果演讲者离开了听众就失去了对象，演讲活动就没办法继续下去了。再说，演讲的目的是说服听众改变态度，并按照领导的意图去行动。因此，领导就要提前了解听众的心理、要求和希望，以及对你所讲观点的态度。

著名的演讲艺术家戴尔·卡耐基讲述过一段这样的经历。

在一次演讲前的宴会上，卡耐基坐在主持人的身边。他发现主持人竟然对每一个人都感到好奇，不停地向参与宴会的人打听，如"那个穿蓝色西装的人是谁？""那个帽子上有装饰的妇人是谁？"

一开始，卡耐基并不知道主持人这样做的原因。直到主持人开始演讲，卡耐基才明白过来。原来，主持人非常巧妙地把刚才了解到的名字运用到了自己的演讲中。那些被他提到名字的人，脸上都洋溢着快乐。

卡耐基由此发现，了解听众、记住听众的名字，并以此让听众参与到演讲中的互动方式，无疑能活跃现场的氛围。而且，这个简单的技巧也为演讲者赢得了听众的接纳和认可。

了解吸引听众的方法和技巧有助于演讲目标的更好实现。另外一个小细节是，在演讲中使用第二人称"你"、"你们"，比使用第三人称"他"或"他们"更能让观众有一种亲自参与的感觉。

【说话技巧】

赋予听众一种积极参与而不是被动接受的角色很重要。领导通过提及现场的细节或共同体验过的某一事件，可以激发听众在心理上产生一种互动，即使此时演讲中只有你一个人在说话。

4. 言之应有物，要言当不烦

演讲中普遍存在的问题之一是言之无物，空话、套话较多。这是因为很多领导构思演讲稿时，总是用一种程式化的语言，就如八股文，没有一点新意和生气。因此，听众听起来也感觉生硬、寡味和难以接受。领导要想演讲成功，就要改变这种结果，把演讲变得充实、有内容、又有生气。

演讲要言之有物，物又从何而来呢？

作家莫言获得了诺贝尔文学奖后，在瑞典学院演讲，题目是《讲故事的人》。在这次演讲中，莫言全文没有一句空话、套话，他把自己的人生、创作和理念化成了一个又一个现实亲历的故事。

他讲了自己"记忆最早的一件事"、"最痛苦的一件事"、"最深刻的一件事"、"最后悔的一件事"等，让听众了解了他的人生经历和人格。例如，他说："我记忆中最痛苦的一件事，就是跟随着母亲去公家的地里捡麦穗，看守麦田的人来了，捡麦穗的人纷纷逃跑，我母亲是小脚，跑不快，被捉住，那个身材高大的看守人扇了她一个耳光。她摇晃着身体跌倒在地。看守人没收了我们捡到的麦穗，吹着口哨扬长而去。"

他讲自己的创作时说："我该干的事情其实很简单，那就是用自己的方式讲自己的故事。我的方式，就是我所熟知的集市说书人的方式，就是我的爷爷奶奶、村里的老人们讲故事的方式……譬如《枯河》中那个遭受痛打的孩子，譬如《透明的红萝卜》中那个自始至终一言不发的孩子，我的确曾因为干过一件错事而受到过父亲的痛打，我也的确曾在桥梁工地上为铁匠师傅拉过风箱。"

在这里，莫言没有提到"苦难"、"人性"、"爱"、"理解"、"宽容"这些字眼，但是，他用讲故事的方式明示了这些普世的价值观念。就算讲述自己的文学创作，他也是用故事说话，看似信手拈来，平淡无奇，其实却蕴含着莫言对母亲、对高密东北乡的深厚情感，并由此引发了人们的思考。而且，整个演讲发自肺腑，非常感人。

由莫言先生的《讲故事的人》可知，"从我说起"，如叙述自己的经历、描述自己的感受、抒发自己的情感等，是让演讲言之有物、充实自然的一个手段。当年，82 岁的麦克阿瑟将军回到母校西点军校接受勋章时，曾在以《责任·荣誉·国家》为题的演讲中用第一人称"我"开始："今天早晨，我走出旅馆的时候，看门人问我：'将军，您上哪儿去？'一听说我到西点去，他说：'那是一个好地方，您从前去过吗？'"

成功的演讲实践早已表明，恰当地联系自身能给演讲者和听众带来诸多好处。领导可以把这些技巧用在演讲的开头、中间、结尾等部分，甚至根据现场的需要灵活穿插。这样，领导就能使演讲更富现场感，更容易被听众理解和接受。

除了"从我说起"，让演讲言之有物还有其他两种方法。

一是用形象化的语言把抽象的道理变具体，把枯燥的事情变有趣。1937 年，郭沫若从日本返沪抗日，在与上海地下党组织的人士聚会时，他发表了驳斥国民党"一党专政"和"抗日必须统一于政府之下"的演讲，说道："政府好像是个火车司机，人民好比火车上的乘客……如若替我们开车的司机是个喝醉了酒的醉汉，或者他已经睡着了，这个时候全车乘客都将有生命之虞，更不能安全到达目的地，这样我们就不能再信任他了。这时候我们不但不能信任他，而且还应该叫醒他！"

第二种方法是用事实、数据来说话。举个例子来说，领导想要说明员工怠工对企业发展的影响，只说"后果严重"显然不能说服和感染人，但是用一连串的具体数据，如产量降低多少，空耗能源值多高等就能让下属在概念上有直观的认识。而且，这比枯燥的说教有意思得多。如果领导能把数据变成充满视觉效果的语言，更能感染人。美国记者爱德文·史路森在演讲时呼吁人们利用尼亚加拉大瀑布的能源时说："尼亚加拉大瀑布这里，每个小时浪费的资源价值相当于 25 块面包……"

当然，在具体演讲时，领导要选择什么样的方式使自己"言之有物"，要根据演讲的内容和主题进行具体选择。

不当演讲的另一个问题是过于冗长。冗长的演讲最倒人胃口。美国作家、演讲家马克·吐温就曾因为教堂牧师的演讲过于冗长而拒绝捐款。

演讲的最高境界应该是简洁明了、一语中的，即以最经济的语言手段传递出大量有用的信息。

历史上，不少演讲大师都惜语如金，言简意赅。

林肯在葛底斯堡言演讲，只用了 2 分钟，共 10 个句子，就获得了155 名听众的掌声。另一名演讲者埃弗里特致信道："我用了两个小时才了解到阐明的那个中心思想，而你只用了两分钟就说得明明白白。"

　　我国著名的作家林语堂出席毕业典礼，作为最后一名演讲者，他一反之前两名教授冗长枯燥的演讲，只说了一句话："绅士的演讲，应该如女士的超短裙一样，越短越好。"台下顿时掌声雷鸣。

　　这就是简洁的力量。领导在演讲时越是能精辟简练地表达自己的观点，就越能赢得掌声与支持。

　　那如何做到简洁精练呢？

　　领导要做到演讲简洁精练，不说空话、套话，一定要千锤百炼。作家福楼拜为锤炼书面语言，总是呕心沥血，有时为了找出几句合适的话，要耗费一个月的时间。这点值得领导学习。短句表达更明快有力，也可以充分表达出紧张、热情等兴趣，所以，领导应该多用短句，长话短说。

　　领导讲出来的话听众能理解，是演讲最基本的要求。但是，这与成功的演讲相去甚远。成功的演讲，至少要做到言之有物，要言不烦。

【说话技巧】

好的演讲应言不在多，达意则灵。言之无物，空话连篇，冗长繁琐，必然误人时光，被听众反感。领导要筛选和过滤出最精辟的、恰如其分地表情达意的词句，尽可能以简朴的语言表达出深刻的内涵。

5. 领导演讲时卡壳、冷场怎么办

在演讲中，有的演讲者会"卡壳"或突然讲不下去了，甚至像木头一样呆愣在台上。而有些领导可能因为出现过措手不及的"卡壳"而拒绝再登台演讲。

一般来说，卡壳是由于缺乏自信而导致的。领导一上台，面对台下的领导或下属，难免会担心讲不好，出错被笑话。有的领导可能由于还未能脱稿，所以在中途忘词，连不起来，只好停下不讲，或者说话未经思考，出现言语失误，紧张得不知该如何周全而卡住。另外一个主要原因是，领导在讲时，台下的听众对演讲的内容、观点不接受，甚至还吹口哨，喝倒彩。若领导缺乏应变能力，很容易受到影响而卡壳。

要避免卡壳，领导首先要熟记演讲稿。有句话说得好：熟能生巧。只要你对演讲稿非常熟悉，即使忘词，也可以使自己的演讲更顺畅、更纯熟、更优美地继续下去。就算演讲中间因为其他原因而冷场被卡，领导也可以在扭转过来之后继续演讲。更重要的是，熟记讲稿能让领导提前进入角色，调节好自己的心理情绪，便于增强演讲效果。大多数演讲家都非常重视这一点，周恩来总理在万隆会议上的演讲享誉世界，之所以效果好，是因为周总理精心准备，经过反复熟记，反复演练后才登上讲坛的。

如果真的感觉到要忘词了，马上就会出现卡壳，该怎么办呢？此时，一定要沉着冷静。不要着急，不要做出诸如吐舌头、抓脑袋、抬肩膀等有损形象的小动作。冷静下来，稳住情绪后，你可以尽量放慢速度，把语句平稳地、有感情地表达出来，好像你正陶醉在演讲中，一时融入在演讲的情绪里，下面就容易接通了。一旦接起来，不要太激动，应采取与刚才同样的语速进行，逐步恢复正常。

如果手里有提示卡或草稿，领导可以自然地找机会看一下，边看边讲，让演讲顺利进行下去。要做到这点，建议领导每次演讲前，把大致的提纲先写好，带在身上，或是放在讲台上以备不时之需。

若领导实在想不起来忘词的部分，那就把这一部分丢掉，只要意思可以相接就好。要知道，忍痛割爱是为了保全大局，而且，听众又不会看到你的底稿，怎么知道你漏了一段呢？如果领导的自由发挥能力比较强，干脆从讲稿中解脱出来，根据主题临场发挥一下。有时候，用不同的词语把前面讲的意思再讲一遍，原稿的思路就会浮出水面了。此时，不着痕迹轻松地带过就避免了卡壳。

有时候，一些陌生的词汇和专业术语，都会让领导一时语塞。如"产品的兼容性"一词，领导可能不知道如何顺畅地讲解。如果你磕磕巴巴地讲了几句，又讲不出新东西，不妨微笑着对听众说："嗯，你肯定知道我说的是什么。"一般来讲，大家都会笑起来，这样就消除了卡壳的尴尬，还活跃了气氛。

美国副总统乔·拜登2011年3月在莫斯科国立大学演讲时忽然口吃，无法顺利说出入狱的俄罗斯石油大亨米哈伊尔·霍多尔科夫斯基的名字。

当时拜登说："过去几个月，美国政府一直反对对于…呃…那个…嗯…不好意思…霍多尔…科夫斯基的审判。"当时情形非常尴尬，有人哄笑不已。不过，拜登很快恢复了镇定，他略显羞怯地自嘲说："这下你们可有的说了，我在俄罗斯的表现不怎么样。"

这个巧妙的自嘲轻松地化解了拜登的尴尬。

此外，如果此时场下有专业人士，领导也可以通过提问互动，把这一问题转移到对方身上来给自己解围。

在演讲时，有一种冷场是由于领导出现了语言失误而导致的。此时，你可能会被嘲笑，你的话可能引起纠纷。好的办法是让脑子转个弯，想办法化解，而最简单的办法是及时改口。

美国前总统里根曾访问巴西。由于旅途劳顿，里根竟然在欢迎宴会上闹了笑话。他发表演说时，竟说："女士们，先生们，今天，我为能访问玻利维亚人民而感到非常高兴。"此言一出，会场顿时一片冷寂，人们面面相觑。

此时，有人低声提示里根总统说错了，里根忙改口："很抱歉，我们是不久前访问过玻利维亚。"尽管事实是里根并未去过玻利维亚，但听众们还未反应过来，因此，他的口误就很快淹没在他的滔滔大论里了。

及时改口，是补救语言失误，应对由此而来的冷场的好办法。而且，改口过后，不必过分解释。如果领导能选择一些合适的套话来填补空白，直到找回思路，就比冷场要强得多，因为人们不会意识到你中间出现过"卡壳"。

如前所述，还有一种"卡壳"是听众毫无反应，对演讲的内容不感兴趣。甚至还吹哨、喝倒彩，严重影响演讲领导的情绪，使得领导因无奈气愤等情绪而"卡"住讲不下来。此时，领导可以通过穿插趣闻轶事来调节现场的气氛，吸引听众的注意力以便将演讲导回之前话题的轨道上来。

听众的状态和情绪必然会影响演讲中的领导，尤其是喝倒彩更可能让领导因气愤难堪而"卡壳"。所以，此时停下来调节观众的情绪有必要性，如做得好，就可将听众的注意力集中到演讲内容上。

上面介绍的大多是一些应急措施。若是领导想从根本上避免卡壳的尴尬，就一定要经过长期的练习，才能让自己的思想流畅地表达出来，你的演讲才能获得成功。

【说话技巧】

领导一上台，一张口，声音洪亮夺人，自己也容易稳定下来，并可以大胆、毫不迟疑地讲下去。若能抛开思想包袱，全身心投入演讲，那整场演讲的成功自然水到渠成。

6. 遭刁难提问，领导怎样机智化窘境

领导在演讲过程中或结尾提问环节，有时难免会遇到一些刁难、讽刺、攻击或侮辱。这些问题会使你陷入难堪、愤怒的境地。对于这些恶意挑衅，领导若无应变能力而选择尴尬沉默，那只能是哑巴吃黄连。但是一味地针锋相对也不是最理想的解决办法。你若大发雷霆，以牙还牙，场面定会不堪收拾，而同时你的领导形象也荡然无存了。

　　著名的演讲大师和知名的国际外交家告诉我们，此时，领导一定要保持冷静，以随机应变的思维，巧妙给予反击，努力化被动为主动，在维护自尊的情况下，消除尴尬。

　　如果在演讲结尾的提问环节，听众提出刁难性的问题，领导首先要从内心接纳听众。因为听众和你的背景、知识层次并不同，也可能在认识上有偏差。如果能够直接回答，则直接回答，不能直接回答的可以委婉回答。

　　《人到中年》的作者、中国当代作家谌容曾访问美国，并应邀在美国某大学进行演讲。演讲结束后的提问环节中，有人提出这样一个问题："谌容女士，听说您至今还不是一名共产党员，请问你对中国共产党的私人感情如何？"

　　涉及党政问题，回答有一点不当就可能引起麻烦，但如果拒绝回答，又会影响自己的形象。这时谌容从容不迫，笑着说道："这位先生的情报真灵通，我确实还不是一名共产党员。不过，我的丈夫可是个老共产党员呀！我同他共同生活了几十年，直到现在，我还没有和他离婚。你看，我和共产党的感情有多深。"

　　谌容的回答解除了自己的困窘，又达到了不伤害对方感情的目的，这种方法就叫委婉回答。

　　当对方问得很刁钻，领导无论是肯定回答还是否定回答都可能出错，那应对之策就是"把球踢给对方"。领导可以请提问者谈谈自己对这一问题的看法，并给予模糊的评价。把问题还给对方，不但解了自己的围，还能将对方一军。有个财主问阿凡提："人人都说你聪明，你能数清天上有多少颗星吗？"阿凡提当然无法说清，但他机智地说道："如果你能告诉我，我的毛驴身上有多少根毛，我就告诉你天上有多少星星。"

面对刁难者的挖苦、责难，有时好言相劝未必能奏效。领导不妨采用略带幽默的方式来应对。

英国著名作家、演讲家萧伯纳的新剧本《武器与人》首次演出成功。演出结束后，很多观众要求萧伯纳上台接受祝贺。但是，当萧伯纳上台后，一个人却突然冲到台前，对他大声喊道："萧伯纳，你的剧本糟透了！谁要看你这个破戏，赶快停演吧！"

众人都担心萧伯纳生气。谁知，萧伯纳反倒彬彬有礼地向那位挑衅者鞠了一躬，微笑着说："我的朋友，你说得对，我完全赞同你的意见。但是，我们俩反对这么多观众有用吗？我们能禁止这出戏的演出吗？"

全场响起一阵响亮的笑声，大家纷纷为萧伯纳的机智、幽默响以热烈的鼓掌。之前那个挑衅的人灰溜溜地走出了剧场。

当个别心怀恶意的人故意挑衅，来势汹汹时，你若大发雷霆、直言对抗，尽管也能取胜，但必然会将现场气氛弄僵。领导若以彬彬有礼、幽默诙谐的方式迎击挑衅者，用迂回的方式回敬对手，常能起到意想不到的效果。

在演讲时，领导也可能会遭受到侮辱性攻击，比如，对方说"你父母是怎么教你的？""你是三岁孩子嘛？""你有病啊！"还有一些恶意者可能会在你演讲时，扔杂物或者谩骂。被人如此羞辱，领导不能示弱，但是也不能像对方那样用低级的、没教养的做法去回应羞辱，这只会让难听的侮辱言辞更多，太有损领导的形象和威信。

反击这些无礼言辞，领导首先要保持理智，以有理、有礼、有节为原则，做到针锋相对。事实上，很多演讲家和政治家都常采用这种让对方自取其辱的应对方式。

李敖在一次演讲结束后，接到了听众递过来的提问纸条，上面只写了三个字"王八蛋"。面对如此直接的羞辱，李敖是怎么应对的呢？他说："通常，你们递纸条问问题时只写问题不写名字，可是有位听众只写了他的名字，忘了写问题。"

44 岁的肯尼迪参加第 35 任美国总统竞选时，众议院的发言人、78岁的萨姆·雷伯恩就因肯尼迪的年轻和孩子样的外表而攻击他，认为肯尼迪乳臭未干。对此，肯尼迪机智地回答道："萨姆·雷伯恩认为我年轻，不过对于一位 78 岁的人来说，他眼中的大部分人都很年轻。"

所以，机智的领导不妨采用一些字面上显不出羞辱性，但又确实能回击对方，令其无地自容的语言和技巧。当别人侮辱你，说："你父母是怎么教你的？"领导可以这么回答："我父母教我不可以问这么没有教养的问题。"这既回答了对方的提问，又有礼地进行了反击，让对方深陷泥潭，自打嘴巴。

领导在演讲过程中，总会遇到意料之外的问题。应对诘难、侮辱，领导一定要保持冷静，善于发现问题，并制定出相应的政策，随着事情变化活用应对之计。

【说话技巧】

身处窘境时，沉着应变更有助于领导寻找化解尴尬的办法。领导可用幽默、讽刺的办法应对不怀好意者的刁难，可用歪释别解来应对讥语挑战，以接茬引申来回应刁钻者的挑衅。视情况而采用不同的策略，领导就能避免事态的恶化。

7. 演讲有时限，领导如何控制演讲时间

任何演讲都有其特殊的目的和内容，如演讲比赛、社交致辞、学术研讨。为了取得显著的演讲效果，演讲就有了时间性规定。因此，控制好演讲时间是领导需要掌握的一项演讲技巧之一。

不过，控制演讲时间，可不是边演讲边看钟表时间那么简单。领导如何才能在最佳时间内完成演讲呢？

首先，要了解各类演讲对时间的规定和要求。

根据演讲发言的类型不同，演讲的时间有确定时限、短演讲和长演讲三种。

演讲比赛，或为考核人才，或为宣传精神，经常会组织多人参加，并评出优劣。为了保证活动的效果，防止参赛者因信口开河而浪费时间，主办方都会事先规定"每个演讲者限时 3 ~ 5 分钟"，超时则会被扣分。这样的规定无疑让参赛的领导有"带着镣铐跳舞"的感觉。例如，某企业组织了一次以"高效管理"为题的演讲比赛，参赛者为企业的 30 名中层领导，每人限时 5 分钟。由于超时就可能被打断或终止，所以，中层领导们不得不压缩自己的演讲时间。

社交礼仪中的欢迎词、贺词、悼词等本身具有规范性和程式性，且若讲得过于冗长就会显得"失礼"。比如，在文艺晚会上，观众最关心的是精彩的节目，若领导此时演讲冗长，抓着话筒讲不停，则必然会起反作用。所以，在这些交际场合，领导的演讲一定要在较短的

时间内完成。

学术研讨类的演讲，常要就某一专业的知识进行说明和论述，要求理论性、逻辑性和科学性，且为了说明观点，领导常要将观点所涉及的材料、数据、典型例子等准确无误地传达给听众。因此，这就要求必须有充足的时间。如果领导想在较短的时间内说明这些深奥的道理，听众很有可能难以理解。

历史上就曾有这样的例子。据说，古希腊的国王曾召见欧几里得，要求其以最经济简洁的词语解释清楚几何原理。欧几里得尽了最大努力，国王仍然听得一头雾水。

无奈的欧几里得说："陛下，乡下有两种道路，一种是供皇家走的坦途，一种是普通民众走的泥泞小路。但是，在几何学里，大家走向科学只有一条路，可没什么皇家大道。"

可见，学术性、专业性较强的演讲是不能用几句话就说得清的，领导应该准备充足的信息，并娓娓道来。

其次，在了解各类演讲时限的基础上，领导应提前、有针对性地调整自己的演讲长度、讲稿内容、演讲语言。

在撰写讲稿时，我们要拟定一下开场白、主要内容、第一话题、结论等在整个演讲中占据的比例。一般，主要内容应该占演讲时间的3/4。开场白应该简短，能以最快速度阐明主题更好。结尾不能拖泥带水，最好能起到戛然而止、余音绕梁的效果。领导可以根据这些来制定自己的时间安排。

由于紧张，一些年轻的领导在实际演讲时常语速过快，这样，听众紧张的情绪就得不到缓解，而演讲时间的把控也会失控。所以，领导应该事先排练，反复预讲。反复预讲时，排练越是接近实际情况，估算时间的误差就越小。

经验丰富的演讲者会把演讲每部分所占时间的多少分割得更加细致。在排练和预讲的过程中，领导可以用手表记录一下你每一部分所用的时间，整体耗时多少。比如，你可以在开场白的内容旁注明耗时2分钟，在第一个议题那里写明花费4分钟，在某个重点的长故事后面标记用时5分钟。这样在演讲过程中，领导就可以根据这些时间提示随时调整演讲内容及语速。

要知道，演讲时你虽然可以看钟表控时，但频繁地看表是不礼貌的表现。所以，事先充足的排练和预讲是不可或缺的。若是即席、限时的演讲，领导无法事先彩排，那在打腹稿时就要适当考虑时间问题。

最后，尽管领导在演讲前做好了较为充分的准备，但这并不意味着演讲的时限就"定格"了。由于受演讲中主观和客观诸方面因素的影响，演讲难免会发生一些出乎意料的事，此时领导就要酌情做出变动处理。

在这里，领导通常遇到的一种状况就是要缩短时限。例如，某位领导在进修班上做经验交流的演讲发言。但是，由于之前其他领导的发言已经占用了大量时间，台下的听众又急于吃饭，所以听众们情绪上非常厌恶拿厚稿子的人，会场也叽叽喳喳的。了解到这些，这位领导就把讲稿删至1500字，在5分钟之内讲完了。这种处理符合当时的情景，赢得了台下听众的阵阵掌声。

如何缩短时限？领导可以检查一下自己的案例或证据，尽量删去重申同样道理的内容。对于较长的故事、人物介绍，除非对主题非常重要，否则可以取消，或者只讲述关键因素，删除细枝末节的内容。

如果当时手上有资料，或有视觉道具，可以用他们来说明技术或细节，从而节省言辞。如果时间非常有限，有些内容之前其他的领导也讲过了，你就可以把这些要点全部取消，重现调整讲稿的结构。

偶时领导也会碰到需要延长时限的情况。比如，由于紧张，领导讲得过快，还有较多的剩余时间。或者，你之后的那位领导还未到场，主办方要求你多说一会儿以稳住大局和听众的情绪。这些情况要求领导增添内容，适当让演讲变长。

秦厂长在员工例会上，本打算就最近一个月的考风考纪问题发表简短的讲话。但是，他在演讲的过程中，却发现工人们心不在焉，根本不重视这个问题。因此，秦厂长在不影响下面活动的前提下，适当延长了演讲，通过生动举例的方法详细地说明了这一问题，最终取得了预期的效果。

遇到增添内容的情况，领导可以检查一下自己是否充分阐述了讲稿的内容，有无遗漏。或者，领导也可以再次重点强调自己陈述的某一重点，并补充一些之前未讲到的证明材料。如果时间充裕，环境允许，组织听众发问，领导作答也是不错的方法。需要注意的是，在延长时间的时候，一要做到一必要，二恰当，不满足这两个条件就是啰嗦。

总而言之，领导要具备控场能力，要根据环境的变化在演讲过程中随机应变地调整演讲内容和演讲时限，以保证演讲的效果。

【说话技巧】

如果你用了 1 小时才讲完本来打算讲 30 分钟的内容，那么其他人的时间安排可能就完全被打乱了。所以，领导要在必要时，控制自己演讲的时间，调整讲稿的内容。

8. 恰当的体态语言有助增强感染力

优秀的演讲大师，除了运用有声语言外，还需要借助面部表情、手势动作等身体姿态语言手段来加强表达效果。因此，有"好的演讲家需要丰富的肢体语言"这一说。

列宁、林肯都是著名的政治家，同时也是演讲大师，他们在演讲时都非常善用肢体语言。1917 年 5 月 14 日，列宁在演讲台上，时而来回走动，时而有力地挥动双臂，时而俯身。他那激昂的声调，配以适当的肢体动作，感染力无尽。

威廉.H·赫恩登在《亲历林肯》一书中说，林肯表现欢乐情绪时总把两臂高举成 50 度的角，手掌向上；而痛斥奴隶制时，在痛心处他则紧握双拳，在空中用力地挥动。可以说，林肯也是通过身体语言，把自己的观点和情感强烈地表达出来，并深深地感染听众。

所以，在平时的演讲中，领导若也能借鉴这一点，恰当地运用肢体语言，就能起到强调、补充、渲染的作用。

一些演讲类书籍虽然都强调肢体语言对演讲的重要性。但是，它们却很少具体指出如何在演讲中正确、恰当地使用肢体语言，甚至还有一些作者声称使用肢体语言只能靠演讲者自行感觉揣摩。其实，并非如此。纵观繁多的演讲家，我们发现，演讲中的肢体语言是有一定标准的，某些动作往往传达着固定的意义。领导可以在学习这些肢体动作的基础上再揣摩出适合自己的、最达意的肢体动作。

良眸传神

领导登台演讲时，常有一个困扰，即演讲时不知道自己的眼睛看哪里。有看天花板的，有看纸稿、电脑或投影屏的，这些做法都缺乏和听众的交流互动。眼神是人面部表情最生动的部分，在演讲中善用眼神能给听众留下更深刻的印象。

一般来说，与人对视，可以使对方感觉受到了尊重，从而在心理上增加对发言的兴趣。领导演讲时，用眼睛对视着听众，那位听众就会听得很认真。在人数不多的演讲场合，领导可以采用点视，即演讲注视听众，在与听众对视中游走，不断和听众进行眼神对话。

但是，在听众超过 100 人的演讲会场，领导要扫视听众，可以用视线从左到右，或者从前到后慢慢移动的方式，这样可以与听众进行广泛的交流，了解他们对演讲内容的反应，从而调整自己的语言或演讲进程，保证演讲的效果。演讲会场更大，听众超过千人时，领导的目光可以散成一片，把视线集中在听众的中部和后部，这样效果比较好。

而在平时的练习中，领导可以通过把外界事物当成听众来进行眼神练习。

手势语言

对于演讲时手的安放问题，领导必须留心。因为人们的手是会"说话"的，不自然或不恰当的手势会招致听众的反感。恰到好处的手势既能引起听众的注意，又可以把演讲者的思想、意念和情感表达得更充分、生动和形象。

一般来说，悲痛时捶胸，愤怒时挥舞拳头，悔恨时敲前额，双手摊开表示真诚或无可奈何，挥手用力下砍表示坚决果断的决心……这些表情性手势语在演讲中运用得最多，传达出来的感情也最为丰富。我们经常见到，欧美政治家在群众集会演讲前，往往会用双手举过双肩，手心向外，向听众摇摆，这既表示对听众的欢迎致以礼貌性的谢意，同时也旨在请听众停止鼓掌，以便开始演讲。

手势还表明了具体内容，甚至直接指示了演讲者要说的事物。比如，我们用手指着自己，表示谈论的是和自己有关的事情。

当说到"你"、"我"、"他"，或者"这边"、"那边"时，领导还可用手朝相应的方向指一下，给听众以真实感。闻一多先生在《最后的演讲》里厉声问道："今天，这里有没有特务？你站出来！是好汉的站出来！你出来讲！凭什么要杀死李先生？"当时，他就使用了这种指示手势。

通常，领导要表达如希望、胜利、祝愿、前景等内容时，手势要向肩部以上活动。举个例子，演讲时，领导一边说"同志们，让我们尽快行动起来吧！"一边双手向上扬起，这就显得有气魄和声势。当领导要表示自己心情平静或叙述事物时，手势活动的范围要集中在肩部到腹部这一区域。当演讲要表现对某些行为的憎恶、不悦、不屑等情感或内容时，可以多用向下的手势。比如，一边说"这是很有诱惑力，不过，让它见鬼去吧！"一边一只手手心向下并向下挥，表示拒绝。用拳头的手势很少，而且由于它常传达愤怒、警告、破坏等内容，所以不到感情非常剧烈时，坚决不要用。

综上可意看出，体态语言是演讲领导和听众交流和联络感情的

"信使"，且不可缺少。不过，领导在使用时要注意适当并有节奏地掌控整体氛围的原则。

自然真诚

做手势是一个人内心情感的自然流露，而不应该是生硬地作秀。刻意地表演会让动作姿态如"背台词"，使听众觉得演讲者缺乏诚意。孙中山先生说要"处处出于自然"。因此，即使领导有时候词穷，也不要刻意故作惊人模样。

简练得体

有的领导认为有手势比没手势好，手势多比手势少好，因此，常在演讲时运用较多的手势。要知道，手势的目的主要是为了表情达意，做到简单、精练、清楚最好，太过令人眼花缭乱的手势只能显示出领导自己的慌张。再说了，体态语言过多，领导在台上就像手舞足蹈地在表演戏剧，这会妨碍有声语言的正常表现。因此，领导使用体态语言要得体，就必须让自己的动作与说话的内容、情绪、气氛等协调一致。

【说话技巧】

没有肢体语言参与的演讲是没有生机的。俗话说"好花还要绿叶配"，好的演讲家需要掌握丰富的体态语言做帮衬。这样演讲才能声、色、势、情俱佳，发挥出显著效果。

第八章
媒体口才，为你的领导形象增光

　　当前，媒体在政治生活和社会管理中发挥着越来越重要的作用。领导也有更多机会与媒体接触，如接受采访、录制访谈节目，甚至召开新闻发布会。但是与媒体的交往可能是双刃剑，沟通的良好可能为企业和个人形象起到宣传作用，应对不佳则会破坏企业和领导个人的声誉。所以，如何应对媒体，是现代领导必备的能力之一。

1. 尊重媒体，切莫出言不逊

现实中，不少领导对媒体的工作有偏见，对记者实行不欢迎、不接待、不提供信息的政策。还有一些领导患有"恐记者症"，见到话筒、镜头就逃，甚至提出了"防火、防盗、防记者"的口号。这是非常不可取的。

当今时代，为了企业的生存和发展，领导在工作中与新闻媒体见面、打交道是在所难免的。若害怕记者、抗拒记者，就难以从容以对。一旦对媒体记者出言不逊，就会给个人、企业或政府带来负面形象。

教师节来临之际，当地的某家媒体想对本市的教师待遇问题进行一次探访。因此，记者找到了负责教育工作的王副市长。

周凌是王副市长的秘书。他一见记者拿着话筒走进来，便立刻紧张起来。为首的一名记者一边递记者证，一边说："我们是市晚报的记者，想找王市长了解一下我市的教师待遇情况。"

周凌看着对方的证件，嘴里拒绝道："不行，不行，王市长开会去了，不在，也没有时间。"

"那么，您能不能给我们介绍一位负责这方面的领导呢？"

周凌其实也是负责教育这块的，但是他不愿意接受采访，只想尽早把记者赶走。他一看记者还不死心，便厉声道："你们怎么纠缠不休？这是市政府，不是菜市场。来采访前怎么不提前打声招呼，你以为领导天天没事就等着你采访呢？"说着，他还把记者往门外推。

本来晚报编辑部只是临时动意要做一个关于教师待遇的采访，按说对政府的教育部门也是好事，没有一点恶意。但是，周凌这么一说，记者顿时来气了，说："我们是记者，有采访自由，不需要给你们打报告吧！"说完，一行人就离开了。

当天晚上，该晚报就登了一篇文章，抨击市政府官员态度恶劣，百般阻挠记者采访，甚至还驱赶记者。市民对此议论纷纷，周凌被上级勒令做出深刻检讨。

原本记者的采访是一个绝好的宣传机会，但是由于周凌的出言不逊和恶劣态度，反倒变成了引人抨击的负面新闻，损坏了当事人和当地政府的形象。

身为领导，我们要知道，新闻媒体的工作性质就是客观、及时和公正地为广大社会群众报道新闻事件。因此，领导要尊重新闻记者的独立性，并善待媒体，礼待记者，真诚坦然地面对记者，积极配合工作。即使不同意接受采访，领导也应有礼貌地婉拒，而不能居高临下、不屑一顾甚至采取对抗态度。

前国务院总理朱镕基很乐于和媒体交往，很善待媒体。因为他知道采访或提问题是记者工作的一部分，他非常尊重记者的工作，愿意和记者平等对话。1998年，朱镕基刚出任国务院总理。在"两会"的记者招待会上，他亲自告诉主持人，说："你们照顾一下凤凰卫视台的吴小莉小姐好不好，我非常喜欢她的节目。"

记者向朱镕基总理提问题时，他都是来者不拒的，总能让记者们得到一个答复。记者吴小莉曾经多次采访朱镕基总理。她说："他总是仔细聆听问题，并且就你的问题作适度的回答，所以常常看到他有时侧着头，或是支起耳朵仔细听问题。"

虽然记者确实有时候会想让领导上当，提的问题有陷阱性质。但是，领导还是有办法应对媒体的。更重要的是，尊重媒体、善待记者是我们必须做的。

因此，在工作中，领导要以平等、谦逊、积极的心态接受记者采访，并提供真实可行的材料，配合记者做好宣传工作。即便是对于曾经批评过自己组织的新闻机构或记者，领导也要不计前嫌，更不能挟嫌报复，侵犯记者的人权，而要像对待其他记者那样热情，尽量为他们的新闻报道提供方便，帮助他们完成工作。

【说话技巧】

尊重记者、善待媒体是时代发展对领导工作的要求。领导对记者要以礼相待，把自己摆在与他们平等的位置，不能以傲慢的态度出言不逊。

2. 多说趣味话，让你更具亲和力

当前，懂得真心交流的领导越来越少了。一些企业或部门的发言人接受采访时只会枯坐在台上念稿子，有些领导则说话严肃，板着一张脸，让记者感到难以接近。这样的采访通过媒体发表或播放出去，无疑会让公众感到态度上的疏离，观众也会觉得企业家或官员是刻板、乏味、不近人情的。

有些官员或领导在接受采访时，总说"外交辞令"，力求"滴水不漏"。虽然没给记者抓住什么"把柄"，但是，这种枯燥的、乏味的采访没有报道价值，也难以吸引公众。要是遇到为博业绩的记者不负责地摘编几句塞责又或者记者敬业地"补料"，总会报道出一些政府或企业不希望看到的东西。

所以，尽管新闻发布会或媒体采访是比较严肃的事情，但是，领导面对媒体时也应该以一种开放、平和的心态应对，过分拘谨或高高在上都是不可取的。所以，我们自己不妨在采访时把能说的、该说到的都说到位，主动把采访变得更有趣。

在采访时，多说趣味性话语是增加领导亲和力、塑造领导形象的好办法。领导可以在紧扣主题的前提下，在采访前、回答问题中途，或采访结尾时看情况穿插一些带有趣味性的内容，这样能调解采访会场的气氛，拉近领导和媒体的关系。

某公司举行记者招待会。招待会刚开始，一位女记者就向赵总提出了一个尖锐的问题。现场顿时安静下来。赵总没有生气，而是不慌不忙地说："这位女士不愧是四川电视台的，提出的问题好辣啊！"

此话一出，全场大笑。那位提问的女记者也忍俊不禁，因为赵总说她提出的问题辣，那是在夸她提问的水平高，说到了点子上。

看到现场氛围活跃起来，赵总才接着说："问题辣，我也不能不回答，要不对不起民众和消费者。今天来了这么多记者，说明对我们公司非常关注，我在此谢谢大家的支持和帮助。现在，我就详细说说……"

除了在回答尖锐问题前，使用趣味性的话语来缓解气氛，领导也可以直接用生动、形象、有趣的比喻来应答。

潘石屹和冯仑最早一起在海南创业，后到北京创办万通。之后两人因理念分歧而分家，但至今仍是最好的朋友。一次，一位记者问他们为什么分家，冯仑先生风趣地说："我们俩不叫分家，是协议离婚。离婚的原因是大家对下一步怎么走都没有底……只好兵分两路。有句话说得好：结婚是误会，离婚是理解，所以我们分手得很冷静，该找律师找律师，该做文件就做文件，就这么简单。"从这一绝妙的回答中，观众完全可以看出冯仑是个有幽默和有个性的人。

领导要想让自己的言谈充满趣味性，并不是一件容易的事情。领导要做到以下三点。

一、领导要有扎实的语言功底，能够善用比喻、夸张、借代、歇后语等修辞手法和生动、形象、风趣的语言来把枯燥的内容趣味化，从而让观众产生共鸣。

二、要能够寻找共同话题，抓住让采访趣味化的点。一般来说，当时在现场发生的事件，记者和领导个人，大家共同关注、熟悉的东西都可以成为领导手里的素材。

三、需要强调的是，政府干部在接受采访时，官话套话要少说，多说"大白话"、"普通话"，这样能和普通民众拉近距离，无形中融洽了干群关系。

【说话技巧】

在公众面前，把话说得有趣并非易事。领导要不断地武装自己的知识储备，以便提升自己应对媒体的能力和口头表达的能力。

3. 说自己该说的，其他什么都不要说

领导与媒体记者交谈时，总会谈到多种多样的问题，尤其是敏感的政治问题。如果领导不慎言，则很有可能为自己或企业招来大祸。

美国著名外交家、国际问题专家基辛格曾经接受了意大利著名记者法拉奇的采访。

法拉奇的采访风格一向以尖锐著称，在采访基辛格时，她旁敲侧击，逼得基辛格承认越战毫无益处。在谈到对权力的看法时，基辛格亦没能抗住法拉奇的一系列大胆发问，情急之下说："我觉得自己就像独自骑马领着一支旅行队走进一个狂野的西部神话。"基辛格这一傲慢的回答，惹恼了美国的普通民众，严重影响到他跟尼克松总统的关系。

即使在数年后，基辛格回忆起这次采访时仍痛心疾首，称这是自己"一生中与媒体打交道最具灾难性的一次"，说自己"一生中做得最蠢的事"就是接受法拉奇的采访。

基辛格那样的外交家都扛不住记者的尖锐探问而色弱失言，所以，我们今天的领导更要注意接受采访时慎言。若不掌握说话的分寸，领导极有可能颜面扫地，招来骂名。

这里提到的分寸有两种，一是语言表达的分寸；二是什么该说，

什么不该说的分寸。第一个之前我们说过，就是对媒体讲话不能夸夸其谈或出言不逊。为炫耀自己的口才，往往言过其实，说一些大话，这不仅可能在不经意间泄露机密的事情，且给人一种不真实的感觉，易招致反感。一些领导控制不住情绪，面对记者的话筒和镜头，屡爆粗口，报道出来严重影响的是领导在民众中的形象。

说自己该说的话，只对记者讲自己认为可以公布的信息，这是有分寸的发言。可能很多领导在接受记者采访时，会告诉记者某消息或某看法"不许见报"、"不要报道这段"、"把这段采访视频剪掉"等需要修剪的内容。但是事后领导却发现记者还是报道了它。这并不是记者与领导作对，而是记者出于职业道德的考虑，觉得公众有知情权。所以，不要以为你打过招呼说不许泄露就一定不报道。因此，领导要做的就是管好自己的嘴巴，只说该说的。

那什么样的话题或内容属于不该说的呢？

有争议的话题。对于有争议性的话题，如对宗教、政治、党派、历史事件的看法，评价历史争议人物等，如果说得没有分寸，或者语意不清，很容易引发论战笔伐，甚至影响国际关系。因此，对于这些问题，除非有明论或者公认的评价，否则领导不要过多地渲染解说。

机密。国家机密、商业机密、事件隐密等都是媒体记者要打探的。对于不能直言、不应告知的的问题，领导一定不能松口。此时，可以用"我们有保密条款，不能说"，"这是国家机密，请恕我无可奉告"来应对。

谣言。无论你身在商界还是官场，都尽量不要谈论别人的闲话，尤其是不好的一面。因为你所说的，不管是添油加醋还是确有其事，都会引起媒体和民众的轩然大波。如果是假的，你很有可能背上诽谤罪名。

除此之外，美国公关专家特别指出：要首先考虑记者的工作，其次才是私人关系。不要以为和记者关系好，就可以什么都说，并相信记者能不报道出来。

另外在发布会上，记者收拾设备要离开时，多数领导可能就会放松警惕，面对记者的突然提问说出有损于组织形象的话。此时，领导一定要注意。

古语有云：一言兴邦，一言丧邦，言语不可不慎也。身为领导，我们的言论会影响到企业、政府，甚至是国家的发展和形象，因此一定要谨慎。

【说话技巧】

哪怕记者关上了录音机，收起了摄像机，领导也要坚持最基本的一条原则——只对记者讲可以公布的信息，其他什么都不要说。

4. 领导如何当好"危机新闻发言人"

政府机构或企业都有可能会面对危机。身为"危机新闻发言人"，领导一定要勇敢面对危机，做好危机沟通工作，否则会造成更大的损失。

一些企业怀着鸵鸟心态，希望没有人知道危机事件，不愿采取措施，做出反应。这就会让自己陷入被动局面。危机公开之后再去处理反而更难以应对媒体的追问。还有一些领导视媒体为敌人，觉得记者总会乱写，要么就指责记者在报道企业或事件时措辞太糟糕，表示不愿意和媒体对话，更甚至在大众论坛上说媒体的坏话。这都是不明智的，这些没有建设性的行为，反而会招致新闻媒体更严厉的指责，之前的负面新闻被炒得更大。还有一些领导召开了新闻发布会，但是在会上一味地使用书面声明，总是使用一些大众不能理解的专业术语或代号，这让民众更疑惑，令危机更加糟糕。

面对危机，领导要想当好"新闻发言人"，最好有备而战。

当危机发生后，领导要在召开发布会之前，要做好心理准备。因为在现场，发言人肯定会遭到媒体的质疑和非议，甚至是当事人亲友的谩骂和攻击。因此，领导一定要保持清醒的头脑，沉着应对。

在回应问题前，新闻发言人还要进行对答培训。不要以为你经常在公共场合演讲，在面对媒体时就毫无问题，想一想是否有时候你和记者聊了很久，对方却未报道出你认为最重要的内容呢？事实是，即便是一个善于讲话的人，如果缺乏对媒体的了解，也很难起到发言人应起的作用。所以说，若领导身负公关工作，很有必要提前学习一点专业的知识。

一些发言人常把自己发言表态的对象和目的搞错。要知道，危机事件发生后，我们召开发布会，针对的对象应该是"危机的利益相关者"，如员工、客户、股东、新闻媒体、消费者，甚至是所有民众，目的是说明和传达危机事件发生的始末、处理过程与目前状况等信息。此时，如果你受媒体的挑衅，只顾宣泄自己的愤怒，指责别人造谣或居心叵测，是极不明智的。要知道，你说话的对象是公众，目的是解释清楚事情，消除负面影响，而不是把对方骂个痛快。

说服新闻媒体是个技术活，需要运用以退为进的方针。领导不要一上来就气势汹汹地指责。你认为的义正词严，在民众看来不过是不负责任的傲慢。因此越到危机的时候，身为发言人的领导就越要表现出谦虚、诚恳的态度。

领导可以这么说："近来，社会和媒体上出现的一些有关本企业的传闻，已经引起了我们的重视。我们认为这些批评意见是对我们企业的一种关心，对我们工作的一种监督。在此，本企业表示感谢。但是，我们也要郑重地说明，传闻中的一些说法与事实有较大出入。本着对公众负责，对本企业的广大职工和众多股东负责的态度，本企业需要做出一些更正和说明，内容如下……"

在做出更正说明后，领导还可以再次表态，感谢公众的关注，诚恳希望公众继续给予支持和监督。可以说，这样的发言更易让人接受，让企业受到的舆论压力减弱。

有时候，发言人还需要回答记者的提问。此时，应对的原则是既要做到真诚坦率，又要做到避重就轻。一般每个问题回答的时间应该控制在 1 ~ 2 分钟内。你说得越多，话里的漏洞越多。回答完停住，自然有下一个记者来打破沉默，此时，你也可以利用这些时间准备回答新问题。

身为新闻发言人，领导还要记住三点。

一、不要回答假设性问题。不回答假设性问题是国际惯例之一。因为假设性问题很容易把人绕进去，贸然回答你可能会出错。你可以说："这个假设是不会发生的，所以恕我不便回答。"

二、回答问题一定简练。电视新闻一般很短，你说得再多，最后还是要被记者剪辑掉，你想要他报出的东西就报不出去。而且，报道时就很有可能出现断章取义的情况。原因就是回答占用的时间太长了。对此，基辛格先生深有体会，他强调说："接受记者采访千万不要长。"在担任国务卿时，即便是接受电视台黄金时段新闻记者的采访，基辛格最多也只讲三分钟，从不做太长的回答。

三、不要把危机、刁难当成包袱。很多领导畏惧当危机发言人，讨厌被记者刁难。此时，领导可以用辨证的眼光看问题，让坏事变成好事。央视著名主持人白岩松从媒体的角度告诉我们："越是危险的提问，当你能化解的时候，你就可以拥有广泛的支持，你的形象和你所代表的单位、组织的形象也能因此得到大幅度的改善和优化。一定不要怕刁难的问题，你战胜了它，下一次再面对媒体的时候你的自信心就会增加，媒体会更加尊重你，同时对你的尖锐程度也会随之减弱。所以面对媒体的一些挑衅时，不要把它当成敌人，而是当成向公众展示你自己的组织、单位的机会。"

总之，训练不到位或者能力不足的危机新闻发言人只能导致危机恶化。领导若担任危机新闻发言人，一定要具备良好的心理素质和应对媒体的经验技巧。有备而战，才能平息事端，化危机为转机。

【说话技巧】

一味指责媒体，仇视记者，必然损害企业或政府自身的形象。最好的办法是静下心来查找问题出现的原因，努力改进工作，与媒体合作，甚至通过媒体挽回可能已经有所损失的影响。

5. 领导如何应对突发采访

一般情况下，领导在接受采访前都要了解一下记者的信息，并读过采访提纲，做好充足的准备。但是，当领导在公共场合遇到紧急采访时，正是对领导媒体口才的重要考验。

那么，身为领导，当面对这种突发采访时要怎么应对呢？

保持镇定是首要的。不少领导见到身边围绕着一堆记者，可能就会非常慌乱，甚至由于拥挤和记者的纠缠而出言不逊。这不明智。此时领导要冷静下来，让头脑清醒，以开放的心态对待这种突发采访。

对于政府官员或者企业的领导来说，突发采访往往出现在最近政府机构或者企业发生了重要事件时。因此，领导可以在镇定下来后，思考记者突发采访的目的：是政府机构高层的人事变动或是企业经营状况的变化引起外界的猜测，还是关于自己私生活的传言？这些问题涉及领导日常的工作和生活，所以领导本人应该心中有数。当然，记者一上来的提问，也可以让领导从中发现对方关注的焦点问题是什么。

确定了记者为何采访，想知道什么，想达到什么目的，领导就可以有针对性地准备应对策略了。

对于那些能够回答的问题，领导应该尽量配合记者的采访，有条理、有节制且谨慎地回答记者的提问。比如，近来你所在企业的总裁病重，正在入院治疗。你去探望，出来后被记者围着，媒体急于知道总裁的病情。此时，你怎么回答？倘若总裁好转，并且之前曾表示你可以将这一消息发出去以稳定公司的情况，那你就可以告诉记者："总裁身体无大碍，修养几日便好。感谢媒体记者朋友的关心。"

注意，回答时，要把你认为最重要的内容突显出来，再说次要的，这样可以让记者更准确地把握住你的核心意思，不会出现误报或报错。比如，身为一家医院的院长，你所在的医院正被社会质疑收受红包，记者问你对此事的看法。这时，你一定要谨慎回答，不要让记者把你的表态当成是你对这些行为的辩解，这会引火烧身。好的办法是，领导要旗帜鲜明地与不良行为划清界限，表明态度，然后再回到问题上来。

相反的，对于那些领导不想回答、不能回答、不知道的问题，领导要巧妙地回避或拒绝。

比如，一些记者，尤其是外国记者，在提问时往往很犀利，而这些问题又还不宜对外界发表或说明事实。在这种情况下，领导可以让记者说下去，以显示自己的礼貌和坦荡胸怀。然后，在回答时，可以说："这位记者提出的问题很重要，但很复杂，一时也说不清楚。我接下来又有要事，现在无法回答这个问题。如果大家实在感兴趣，最近我们会召开记者招待会，方便大家了解任何问题。"

如果是你职责以外的、并不清楚的、还未有确实证据的问题，你可以说："对此事，我还不甚了解。等我弄清楚后，再回答各位的提问吧！"或者"我知道这些事也是通过新闻报刊，还没各位记者知道得多。所以我不便发表评论，请大家谅解。"

有时候，记者会对领导的隐私性问题突然提问。此时，领导可以直接拒绝，说："对不起，这属于个人隐私范畴，恕我不便发表意见。"这种回答适用于记者的问题是真的，或者一时半会儿说不清对错的。不过，这也可能会造成媒体自行歪曲你的意思，说你"避而不答"，或用小道消息来"补料"。因此，若对方的消息是错误的或者影响到了自己的声誉，领导可以给予辩驳和澄清。驳斥对方、澄清事实所用的证据一定要真实、有力，这样才会攻破谣言，维护自己的形象。

总之，应对突发采访，领导一定要冷静沉着，控制情绪，保持风度。能回答的问题，配合记者、慎重应答；不能回答的问题，巧妙回避和拒绝最好。

【说话技巧】

领导要在突发采访时，做到说话得体，原则是说话要留有余地。《诗经·大雅·抑之》里有两句诗：白圭之玷，尚可磨也，斯言之玷，不可为也，说的就是慎言。要是话说得太满，一旦发生什么意外情况，领导连更正的机会都没有了。

6. 接受电话采访，通过声音传达良好形象

电话采访是媒体记者常用的一种采访形式。与面对面的采访不同，电话采访只能依靠声音，无法用眼神、手势等方式传达形象。所以，此时，声音就成为展示领导形象的唯一渠道。既然如此，领导就更要讲究说话的艺术，争取用声音来表现出领导的最佳状态。

一些领导可能觉得通过电话交谈，谁也看不见谁，所以说话或动作比较随便。这是错误的。事实上，当你用电话交谈，尽管另一端的记者看不见你，但声音却能为他描述你的形象。如果你愁眉苦脸，即便说话

语气欢快，对方也能感受得到你并非如此。同样的，如果你说话时面带微笑，那声音和电波就能把你的微笑传递给记者，甚至是观众。

因此，接受媒体电话采访时，从接电话的时候起，领导就要用声调表达友善的情绪，这就为电话采访的成功迈出了重要的一步。

如果记者打电话时，领导正好不在跟前，或者铃声响了很久才接。那么，这时，领导不妨先致歉："抱歉，让记者久等了。"电话铃声响一次 3 秒钟，10 次就是 30 秒，看似短暂，可是等待的过程却让对方觉得很漫长，容易让人产生不悦感。领导这样致歉，必然会让记者觉得你是一位有礼貌有责任感的人。

有些领导在电话交流时，会不自觉地语气比较硬。这样传达给记者的感觉就是这个人不好接触，或者抵触采访。此时，除了在采访时多说趣味话活跃氛围外，领导还要通过态度友好的声音来塑造自己的亲和形象。要达到这个目的，领导要做到语气比面谈时更谦和。比如"你好，是刘记者吗?"；"对不起，那我就照实说了……"；"感谢贵报对我们工作的关心和支持。"常用这类语言，采访交流自然顺利许多。

电话采访时，一些领导好像生怕对方听不见似的，嗓门高八度。在另一端的记者会觉得刺耳难听，早就把听筒拿开好远。如果放到电视媒体上播放录音，听众会自发觉得这位领导太强硬无礼了。与此相反的是，还有一类领导，接受电话采访的时候，生怕其他人听见，声音又低又小，含混不清。记者采访时着急，事后又要反复听才能弄清领导想要表达的内容。若记者不够敬业，可能就胡乱揣测你的意见，误报出去。若是此次采访是问责或批评，领导这样的声音发言会给人一种害怕暴露真相，推诿责任的印象，这就更不值得了。所以，领导在接受记者采访时，一定要注意声音的大小，采用适当的音调更容易让人接受。

语速的快慢对采访也有影响。领导说话语速很快，记者那端就可能听不清楚，而且，这还会给人一种印象——这位领导性子急，不稳重。所以，领导在接受电话采访时，一定要发音清楚，语速放缓，在声音中表现自己的自信。如果要说到重点内容，语速更要放慢一点，对关键词可以适当强调。

电话采访一般都会被记者录音。如果不确定的话，领导可以事先询问清楚再作准备。不管记者说是否录音，领导做到谨言是永远不会错的。在回答每个问题之前，都可以稍微停顿一下，整理好思路。回答问题后，不必过多解释，言多必失。此时的沉默，采访记者会来打破，领导不必感到有压力。

电话采访的特点是比较短。领导不能只顾自己高兴就说个不停，谈个没完。记者不好意思打断，就只能不耐烦地听着，这也影响领导的形象。领导要适当提醒自己在所有问题要点阐释清楚后，就不再侃侃而谈了。

做事要善始善终，接受电话采访也一样。一般是记者在采访完问题后，感谢领导抽出时间接受采访，此时领导礼貌回应即可。若是在采访过程中，领导不得不因紧急事情而暂停或提前结束采访，领导应该礼貌地提出来，比如说："刘记者，真的很抱歉，我这里突然有个讨论会议，可能无法继续采访了。你看就以之前说的进行报道如何?"千万不要直接说"我现在有个会，就这样吧!"然后啪的一声挂掉电话，这是非常无礼的做法。

除了电话采访，领导谈生意、找客户都是在电话中沟通的。所以，对领导来说，学会如何在电话交流中用声音塑造形象、展示魅力是非常重要的。

【说话技巧】

电话采访时，声音是唯一的载体。它虽然不可触摸，却可以传递形象。领导接受电话采访时，务必保证传到另一端的声音是清晰、生动、适当的。

7. 有声无声相协调，领导形象最完美

当前的媒体采访方式很丰富，领导可能接受电视台采访、召开记者招待会、到网络会客室座谈，参与电台演播室的直播……这些采访不仅要求领导与记者、主持人做有声的语言沟通，同时也要求领导要做无声的非语言沟通。聪明的领导能够协调好有声语言和无声语言，一定能塑造一个最佳的自我形象。

有声语言是媒体采访的重要部分。在接受媒体采访时，除非特殊场合，否则领导不必让自己的话语听起来那么正式，最好如一对一的交谈，并注意在语言中显露热情、友好、礼貌等。

在日常的交往中，我们发现很多知识渊博的企业家和政治家在回答记者的提问时，常常会博得一阵阵掌声。这其中的一个原因就是，他们在回答问题时态度真诚、语言简洁，因此给人坦率、诚恳的好印象。

要做到真诚、简洁，领导应注意不要出现如"啊……"，"是嘛……"，"这个问题嘛……"等这类口头语。一是这是打官腔，让人

生厌；二是这种重复性的言语，给人一种拖沓感，让领导有优柔寡断之嫌。清晰直白的语言至关重要，简洁而又有助于理解。注意，领导不要说冗长的句子，太长容易让听众迷惑厌烦。

语速适中，声调富有变化的声音，容易博得记者、听众的好感。一般来说，语速太快，会让人感觉领导紧张、匆忙，甚至对领导的发言内容存有疑虑。如果上一次回答时，领导感觉自己语速过快，可以在记者下一次提问时，有意识地调节语速。在强调关键内容时，领导放慢语速更易获得媒体和听众的理解。

如果是长时间的访谈，一成不变的语调会让人感觉乏味。故事高潮迭起才能吸引人，要想让听众有耐心地听下去，领导也应该适当地调整语调。在某些表达情感的字眼上，可以采用这种方式。比如，记者采访领导治贫的事件，领导讲到最初看到贫困村的现状，看到老百姓生活贫困，比较心痛难受，这时候用低沉的语调。后来看到老百姓通过兴办工厂、发展农业，过上了富裕的生活，非常开心，领导可以用喜悦、轻松的语调。

另外，在重点词语之前或之后，发表重要评价或观点的前后，领导可以有意识地停顿一下。这样既可以突出关键词，又可以给人一种感觉，即领导在思考，或这是领导慎重思考后的表态。

非语言沟通虽然不是媒体采访的重要部分，但对树立企业形象也不可或缺。

领导若接受采访，要注意服装得体。亮相前，领导要提前到场，给自己一个情绪调整和精神准备的时间。要是情绪未调整好，急急忙忙发言，可能忙中出错，影响形象。

在座谈、访谈时，领导常要坐在沙发、椅子上，此时坐姿一定要端正。不可坐立不安，举止失态。领导上半身要挺直，不要耸肩或前倾。不要把手夹在两膝间或腿下，也不要交叉在一起，双手抱胸，更不可斜靠在一只手臂上，这些都会让人感觉你充满防御心理，不亲和。面向观众讲话时，不要左顾右盼，动作不可过于夸大。

生动的面部表情，可以将领导的感情和语言连接起来。所以，领导可以适当地微笑，舒展表情。尤其在领导活跃气氛，说出趣味话之后，表情可相对放松一些。但是，在整个采访过程中，领导要把握好沉稳和亲和之间的平衡。

面前有几个摄像机或者都是闪光灯的情况，可能让领导不知道要把眼睛放在哪里。此时，领导要注意跟采访者保持目光接触，但不能直愣愣地盯着对方。面对摄像头，领导要看着镜头，但也不能死盯。

记者招待会或访谈节目，常有很多记者或观众，但无论采访多长，记者或观众中能直接提问的人毕竟是少数。所以，其他人必然会感觉被冷落了。所以，领导可以适当地环视四周，用眼光和大家交流，让大家觉得你注意到了他。

另外，领导要注意无论你面对多么尖刻的提问，都要保持沉着冷静。因为你的任何表情和举动都会在观众的审视之下，而细微的不耐烦的表现在电视屏幕上都会被放大数倍。

总而言之，领导要和媒体打交道时，要把有声语言和无声语言协调在一起，携两者之长来塑造自己沉稳、亲和、值得信赖的领导形象。

【说话技巧】

言语沟通是媒体采访的重要部分，但非言语沟通对树立领导形象和组织形象也不可或缺。领导若能协调两者，就能展现给媒体大众最完美的形象。